Dyddiadur Ffarmwr Ffowc

David Ffowc

I John Elwyn Jones, fy nhad

Argraffiad cyntaf: 2011

Dymuna'r cyhoeddwyr gydnabod cymorth ariannol
Cyngor Llyfrau Cymru

Cartwnau: Huw Aaron
Llun y clawr: Iolo Penri

Rhif Llyfr Rhyngwladol:
978 1 84771 337 7

Cyhoeddwyd, argraffwyd a rhwymwyd yng Nghymru
gan Y Lolfa Cyf., Talybont, Ceredigion SY24 5HE
e-bost ylolfa@ylolfa.com
gwefan www.ylolfa.com
ffôn (01970) 832 304
ffacs 832 782

Rhagair

Mawr obeithiaf (Cymraeg Crand), mawr obeithiaf, y byddwch yn trin y llyfr hwn fel canllaw i'ch helpu. Hwn fydd eich Haynes Maniwal ar gyfer gweddill eich bywyd. Yn y gyfrol hon, ceir atebion i broblemau ac anawsterau bywyd; i bynciau sy'n achosi problemau mawr i bobol, fel profedigaeth, sut i ddelio â chenfigen a phryd i hel seilej. Ma 'na gyngor a chymorth wedi eu cuddio yn nhudalennau'r gyfrol, sy ond i'w cael mewn llyfra pwysig eraill fel y Beibl, Y Corán a *Farmers Weekly*. Gobeithiaf eich bod am gadw'r cyhoeddiad hwn wrth 'ych gwely, i chi ei ddarllen cyn i chi syrthio i gysgu a meddwl amdana i yn eich cwsg. Ma croeso i chi ferchad gario mlaen i freuddwydio amdana i yn eich cwsg, cofiwch, fel ma rhan helaeth ohonoch chi'n neud yn barod. Dwi hefyd yn gobeithio bydd pob sbyty yn y wlad yn cadw copi yn eu cypyrddau, lle gall y tlawd a'r anghenus, a gwehilion cymdeithas fel Aelodau'r Cynulliad, droi ato i leddfu poen neu i godi calon. Ar y llaw arall, os dach chi'm yn meddwl y byddwch chi angen yr help, ma croeso i chi ei ddefnyddio i ladd pryfed. Wysg ei ochor, mae'r llyfr yn erodeinamig iawn a gan ei fod yn pwyso dros 105 gram mae'n ddigon, yn ôl rheola iechyd a diogelwch Ewrop (a chewch chi ddim byd gwell) i ladd pry glas. Peidiwch, da chi, â thrio lladd cacwn efo fo – tydi o ddim cweit digon trwm ac fel y gŵyr pawb bellach, o fis Mai 2012 ymlaen, mae'n rhaid llenwi ffurflen risg asesmynt cyn lladd cacwn.

David Ffowc

Blwyddyn Newydd Dda, uffen

Uw… s'mae, wa?

M? Yy? Uw! Yn tydi. Wwww! Uffen. Blwyddyn newydd dda i bawb o bobol y byd, yndê wa! Y? Pob un wan jac ohonyn nhw, uffen. Blwyddyn newydd dda i bawb yn yr hen le crwn gwyrdd a glas 'ma, o'r tala i'r byrra, o'r delia i'r hylla – ac ma 'na lot o'r rheina o gwmpas, uffen – digon i godi beil ar rywun! Ta waeth am hynny. Ma'n bwysig, yndê 'ffen, yndê wa, mae'n bwysig pan ddaw hi'n flwyddyn newydd yndê, fod pawb yn ffrindie mawr unwaith eto, 'ndê waa! Yy? Yy? Pawb yn cychwyn y flwyddyn newydd efo llechan lân, 'ffen (a trôns glân, os oes gynnoch chi rai), neb i ddal dig, neb i wrthod bod yn ffrindia efo neb. Be dwi'n drio ddeud ydy – a dwi'n ymddiheuro am bregethu – y dylia pawb fod yn ffrindia efo pawb, a charu ei gilydd, yn union fel ddudodd yr Iesu Grist 'na… felly blwyddyn newydd dda i bawb blaw am y Torïaid a'r Libryl Democrats; aelodau o True Wales a hogia sy'n gyrru transit fans; y diawled sy'n cwyno am salwch neu'r tywydd rownd ril; swyddogion y llywodraeth sy'n gwrthod pres i amaethwyr, llwynogod, moch daear; pobol sy'n dal dig, a cheiliog Rhos y Gwynt sy'n fy neffro i bob bora pan fydd y gwynt yn chwythu ffor hyn. Heb anghofio Dafydd, Garej London Road, ddaru godi chwe phunt am falf i deiar Dunlop i'r Mitsubishi Open Top Pick-up Truck; pawb sy'n canu gwlad, a'r snotsen Catherine Swanson ddaru wrthod mynd allan efo fi yn 1984. Felly diolch i Dduw mod i ddim yn un o'r bobol yna sy'n dal dig!

Fel arall, uffen, fel arall, yndê wa, iechyd da, hir

Teiars Catherine yn teimlo fatha fi
ar ôl iddi wrthod mynd allan efo fi – fflat.

oes, a blwyddyn newydd dda i bawb, gan gynnwys chi, ddarllenwr deallus, sy wedi buddsoddi arian yn y llyfryn gwych yma.

Ers talwm, 'de wa. Y? Flynyddoedd mawr yn ôl, pan odd popeth yn ddu a gwyn mewn bywyd go iawn, heb sôn am y teledu; pan o'n i'n iau, 'de wa, dodd 'na ddim ffasiwn beth ag elusen; dodd 'na neb yn dod â pres i chi os oddach chi'n dlawd. Odd rhaid i bobol fy nghenhedlaeth i neud rhywbeth am y peth. Fedra rhywun ddim ista ar ei din yn disgwyl i rywun ddod â pres i chi – odd rhaid i chi fod yn actif – yn 'rhagweithiol'. Gneud rhywbeth am y peth, yn lle disgwyl i rywun arall wneud drostoch chi. Odd rhaid mynd allan i gael pres rhywun arall. Dwyn oedd un ffordd boblogaidd o neud hynny, ond canu Calennig oddan ni'n neud. Ond be 'di canu Calennig, medda'r rhai ohonoch chi sy'n concýsd neu'n rhy ifanc i gofio'r eliffant yn pi-pi ar lawr *Blue Peter*. Wel, mi dduda i wrtha chi rŵan taswn i ond yn cael cyfle. Canu Calennig oedd mynd allan ar fore cynta'r flwyddyn newydd i ganu a chael pres am neud. Mewn geiriau eraill, arian parod… a'r math gora posib o arian parod. Ew, ia… arian parod dodd y dyn tacs yn gwbod affliw o ddim amdano fo. Uw, handi, 'de wa. Y? Wwww! Dim derbynneb, dim treth a dim trefferth gan y dyn tacs. Cwbwl odd raid i ni neud pan o'n ni'n hogie odd mynd rownd tai, cnocio drws a chanu 'Blwyddyn newydd dda i chi ac i bawb sy yn y tŷ'.

Odd 'na lot o bobol yn talu ni off ar ôl y frawddeg gynta ac odd hynny'n newyddion da iawn, yn enwedig i rywun fel fi odd byth yn cofio be gythral odd y frawddeg nesa, yndê wa! Odd canu Calennig yn ffordd hawdd iawn o neud pres, a gan mod i'n canu mor wael, odd rhai o'r cymdogion yn talu pres i mi cyn i mi agor fy ngheg! Yn enwedig y rhai odd wedi cael noson fawr y noson cynt ac yn diodde, yndê wa. Oddan nhw'n gadal pres mewn bag ar giêt er mwyn stopio fi fynd at y tŷ, uffen. Da 'de, waaa. Wwww!

Amser da oedd yr amser hynny, fel ddudodd y pop grŵp Cymraeg 'na o sowth, hwnna efo dynion blewog yn'o fo. Hergest oddan nhw'n galw eu hunain ond 'sa Ieti wedi bod yn fwy priodol. 'Yn toedden nhw'n ddyddie da dros ben', ontefe. Oedd, mi oeddan nhw'n ddyddie da dros ben ontefe, ond mi ddoth hi'n stop reit handi un flwyddyn wedi i ni gael trafferthion efo Glenda Hughes, Penbidlen – ffarm yn nhop ucha Cwm Caedyfalog. Uw! Dynas fawr, 'de wa. Y? Digon mawr i fod yn chwaer i eliffant. Www!

Mwy o ffat fesul modfadd na phorc pei, uffen, oedd. Fel odd hogia'r ardal yn ddeud, yndê wa, "Ma hi'n fawr, ma hi'n grwn ac yn drymach na blwmin plwm!"

Pa'n o'n i'n iau, yndê wa, pan o'n i'n hogyn, yndê uffen, dwi'n cofio mynd i gartra Glenda Hughes un flwyddyn newydd i ganu Calennig, yndê 'ffen. Fferm fynydd efo llond lle o grug nes bod pob man yn biws oedd Penbidlen. Ew... odd 'na ddiawl o allt o'r ffordd fach at y tŷ, yndê wa. Joban reit hawdd oedd 'i cherddad hi ar ddiwrnod braf ond pan odd hi'n glawio a'r hen jîns glas tywyll (o Farmers Mart) yn wlyb domen yndê, a llond pocedi o arian parod yn pwyso tunnell, odd rhywun yn magu mysyls yn ei goesa fatha Cob Cymreig, uffen. Oedd wa! Coesa mawr tew fatha downsiwr gwerin ar anabolic steroids, yndê 'ffen.

Gyda llaw – wrth basio – downsio gwerin. Hen lol 'di o. Cwbwl ydi o ydi esgus da i ddynion hyll gael gafael ar ddynes go handi. Blwmin moch. Does gynnon nhw ddim gobaith mynd yn agos at ddynes mewn bywyd go iawn am eu bod nhw'n drewi, byth yn golchi eu dannedd ne am eu bod nhw jyst yn hyll fatha bo bo. Felly, be ma nhw'n neud ydy infentio rhywbeth sy bedwar can mlynedd oed a dechra downsio gwerin.

Tydyn nhw ond yn cael dynes yn downsio efo nhw am fod 'na foi arall mewn Twmpath efo meicroffon yn gweiddi ar y merched i ddownsio efo nhw. Ers talwm, 'de, ers talwm, mewn dawns werin go iawn, dodd neb yn cael cyffwrdd yn ei gilydd. Ma 'na gofnodion am ddownsio gwerin yn *Llyfr y Plwyf* yn yr eglwys 'ma. Odd pobol mor hen-ffash ers talwm wrth ddownsio gwerin, odd rhaid i'r merched ddownsio tu fewn a'r hogia ddownsio tu allan 'gofn iddyn nhw gynhyrfu gormod. Tydyn nhw mond yn cyffwrdd dyddia yma am fod y dynion 'ma'n mynnu bod nhw'n gneud. Islwyn Coesa Cyflym oedd pencampwr downsio gwerin ffor hyn a mi 'nillodd nifer o gystadlaethau yn Nolgella gan ei fod yn gallu neidio mor uchel â balconi Neuadd Idris. Tasa fo'n gweld y giamocs ma'r rhain yn gneud y dyddia yma, mi fysa'n troi yn ei fedd. Pimpio merched Cymraeg hyfryd annwyl i ddownsio – dyna ydi o. Wedi meddwl, fedra i'm gwitsiad i gael joinio, deud y gwir wrthach chi.

Pan o'n i'n hogyn yn fy arddegau, odd pobol Ffermwyr Ifainc yn downsio gwerin nes cafodd o'i wahardd yn y mudiad am resymau iechyd a diogelwch. Be oedd, dach chi'n gweld, odd hogia, ffarmwrs, yn meddwl bod nhw'n rêl bois… dangos eu hunain yn trio sbinio'r merched rownd mor

Llwyth o ddynion mor hyll â Shrek yn dawnsio gyda merched hardd

gyflym â phosib. Amball hogan wrth ei bodd yn
cael ei thrin felly ond ambell un ddim yn hapus.
Yr un fwya anhapus oedd Sioned, Maes Tudur.
Odd hi wedi bod yn sâl ers chwe mis a 'di colli
lot o bwysa.

Un noson dyma 'na ddownsio gwerin efo'r
Iyng Ffarmyrs a dyma Ffestyn Huws, y ffarmwr
mwya cyhyrog, yn gafael ynddi a'i sbinio hi rownd
nes collodd ei afael ac mi hedfanodd Sioned allan
drwy un o ffenestri ucha neuadd y pentre 'cw. Fe
redodd pawb allan i weld lle oedd hi ond doedd
dim golwg ohoni'n un man. Yn sydyn dyma ni'n
clywed sŵn griddfan, a dyna lle roedd Sioned yn
anymwybodol ar dop polyn lamp. Odd hi'n dipyn
o banic wedyn ac mi ffonion ni rywun i ddod

i'w helpu hi lawr – amser cinio drannoeth! Dodd dim gobaith o'i chael hi lawr a fysa hi dal yna hyd heddiw oni bai bod pawb wedi trio'i chael hi i lawr drwy ei pheltio hi efo peli snwcer!

Be bynnag. 'Nôl â ni at y stori. 'Nôl â ni i Benbidlen a chanu Calennig. Ew ia! 'Na i byth anghofio mynd yno efo'r plant a chnocio ar y drws a dechra canu 'Blwyddyn newydd dda i chi' yn ddigon uchel fel bod pobol yn y cwm nesa'n ein clywed ni ac yn ystyried cogio bo nhw'm adra. Uw, peidiwch â sôn, uffen. Dyma Glenda'n agor y drws, a wannwyl dad – odd hi'n ddynes mor lydan yndê, odd rhaid iddi ddod allan drw drws wysg ei hochor, uffen! Digon llydan i fedru taflu cysgod dros hanner cae pêl-droed, uffen. Odd hi'n sefyll yno yn 'i brat a phâr o sandals rhy fach am ei thraed. Golwg y diawl arni 'fyd, 'ffen. Bodia'i thraed hi'n sticio allan rhy bell dros flaen y sandal, nes bod nhw'n cyffwrdd llawr, yndê wa, a mymryn o hoel neil farnish coch ar 'winedd ei thraed – ar ôl iddi beintio nhw 'nôl yn yr haf pan ath Capal Baptist (the Christian Snorklers) i Bermo ar drip Ysgol Sul.

Dwi'n cofio ni'n mynd ar y trip. Odd golwg y diawl arni 'de, wa – fel tasa Duw wedi blino pan gafodd Glenda 'i chreu a mond taflu sbarion at 'i gilydd. Golwg y diawl. Dannadd yn gam fatha polion ffens eu fferm nhw a digon o flew o dan ei chesail i fod yn gartra i deulu o ddrywied bech!

Dyna lle o'n i'n morio canu 'Blwyddyn newydd dda i chi' ac yn dechra poeni 'sa raid mi ddechra meimio'r gweddill, pan roth hi ei llaw i fyny i'n stopio ni, diolch i Dduw. Sefyll yno â'i llaw yn yr awyr, yn edrych fel plismon *traffic control* ddaru hi wedyn, a pawb yn sbio o gwmpas, yn methu dallt be odd yn bod, yndê wa. Odd 'i llygaid hi'n fawr fel soseri, neci, yn fwy na hynny, odd 'i llygaid hi'n fawr fel plât twrci, uffen, a stêm yn dod allan o'i nostrils fel tasa hi wedi inhelio egsôst peip Morris Thousand.

"Ma gen i rwbath pwysig i'w ddweud," medda hi, gan bwyri hanner llond ceg o cornfflecs dros bob man a gadael hoel llefrith i redag lawr ei gên.

Ew, odd pawb wedi cynhyrfu, uffen, a phawb yn syllu ar y tamad o gig moch odd ganddi rhwng ei dannedd. Wrth fy ymyl i roedd Arwel Ty'n Cornel (6 oed) ac mi odd *o* hyd yn oed wedi dechra canolbwyntio, hynny ydi, ar ôl iddo sychu'i drwyn ar ei lawes a gadael hoel snotsen fatha neidar ddefaid o'i cỳff i'w ysgwydd.

"Ma pawb yn cael chwe cheiniog," medda hi.

"Hwrê!" medda pawb arall.

"Blaw am David Ffowc," medda hi wedyn ddigon siarp.

"Rargol, pam?" medda fi, gan feddwl mod i wedi pechu ond ddim yn cofio be ddiawl o'n i 'di neud. Mi sbiodd yn hyll a gofyn i Arwel Ty'n Cornel faint oedd ei oed o.

"Chwech," medda fo, gan lyfu sleiman o waelod ei drwyn fel llo bach newydd gael llefrith mewn bwcad am y tro cynta.

"Faint 'di dy oed *di*, David?" ofynnodd hi wedyn.

"Dwi'n hŷn nag Arwel," medda fi.

"Faint?" medda hi eto.

"Dau ddeg pump," medda fi, gan drio gwneud fy hun i edrych yn llai a gneud fy llais swnio'n fwy gwichlyd na drws eglwys y llan.

"Dyna pam ma dim ond y plant bech fydd yn cael pres leni," medda hi.

Odd pawb yn hapus iawn yn mynd adra, blaw amdana i. Ond wyddoch chi be, es i ddim o 'na'n teimlo'n isel. Ew naddo – es i ddim o 'na efo nghynffon rhwng fy nghoesa. Odd gen i fwy o bres nag Arwel Ty'n Cornel erbyn ni gyrraedd tŷ ni, achos mi godis i bump ceiniog arno fo bob tro odd o isio sychu'i drwyn ar fy llawes i. Afiach? Nag oedd – oedd o reit flasus (jôc – na, 'nes i ddim)!

Be bynnag i chi – yn ôl i'r presennol, fel bydda Jipsi Rose yn ddeud yn ffair Rhyl pan odd hi'n disgwyl tip ar y diwedd. Blwyddyn newydd dda i chi gyd, yndê wa. Ddaru leni ddim dechra off yn flwyddyn dde iawn i mi, 'de wa, o naddo. Noson fewr, yndê 'ffen. Nag oedd, dodd hi ddim yn flwyddyn newydd dda peth cynta bore 'ma, uffen. Pan ddeffris i bora 'ma odd fy ngheg i fatha caead septic tanc waa, a mhen i'n teimlo fel 'sa rhywun yn ei wasgu mewn feis. Byth, byth, byth eto, wa – nefar eto, na, dyna fo, dyna'i diwedd hi, medda fi wrth fy hun. Oedd, mi oeddwn yn teimlo'n rỳff fel hogan o Gorwen ond be oedd yn gneud yr holl beth yn waeth oedd cofio mod i wedi prynu rownd a ddim wedi cael diod yn ôl gan y tacla i gyd. Hen ddiawled yndê wa. Dwi'm yn prynu drinc er mwyn cael drinc yn ôl ond dwi'n cadw cofnod o'r rhai sy ddim. Mond mynd allan i yfed ar nos Wener a Sadwrn o rŵan ymlaen, medda fi wrth fy hun. Dyna fy adduned blwyddyn newydd a gan mod i'n uffen o foi, o'n i'n gwbod ar y pryd mod i'n mynd i sticio iddi.

Wwwww! Gor-neud hi 'nes i. Dim parti wedi'i drefnu odd o, a ma'n siŵr ma'r unig gysylltiad rhyngthon ni gyd oedd yno oedd ffaith bo' ni wedi deffro bora 'ma ddim yn cofio hanner y petha ddigwyddodd, yndê wa. O'n i'n sâl fatha cast

Pobol y Cwm ac yn diodda gymaint â'u gwylwyr nhw, uffen!

Dwi'n cofio swsian efo Nerys Cae Gwyn ar lawr, ynghanol llwyth o addurniadau tua hanner nos, a wedyn deffro bora 'ma yn meddwl bod hi'n dal i lyfu ngwyneb i. Ond diawl, ges i uffen o fraw pan agores fy llygad chwith a sylweddoli bod Mam wedi gadal drws bac yn agored a bod Fflos y ci defaid Cymreig wedi dod fyny i llofft a 'di dechra llyfu ngwynab i. Da damia... ych a fi. Well gin i snog gan ddynes na snog gan gi! (Jest abowt, cofiwch – ma'r llinell rhyngthyn nhw yn o dena ar adega.) Dwi'n cofio rhywbeth tebyg yn digwydd o'r blaen. Odd 'na rywbeth wedi bod yn papur am Kate Moss, neu Kate Frosted Glass fel odd pobol wedi dechra galw hi, achos odd hi wedi mynd mor dena odd pobol bron yn gallu gweld drwyddi. Eniwe – breuddwydio am Kate o'n i un nosweth. Deffro'n bora wedi breuddwylio am lyf efo Kate Moss, ond ffeindio allan mod i'n cael llyf gan Nel, sef mêt Fflos!

Blwyddyn newydd dda, ddiawl, do'n i ddim hanner da drwy'r dydd. Poena down belô mwya diawledig ges i wedi i mi wisgo. Uw wannwl. Wyddoch chi be, uffen? Poen diawledig yn y trôns dipartmynt... a ro'n i methu ista'n iawn chwaith pan es i lawr i gael fy Wotabix (ma nhw fatha Weetabix ond yn rhad uffernol a does neb yn gwybod yn iawn be ydyn nhw). O'n i mewn gymaint o boen fuo raid i mi orfod cael tri cwshin dan fy nhin. Sgin i ddim syniad be odd yn bod ar yr hen ddynas chwaith, ma raid mod i wedi gneud rhywbeth mawr iawn o'i le ar ôl dod adra. Pan roth hi'r Wotabix i mi, odd golwg ffed-yp arni fatha, fatha poni Shetland yn rhoid reid rownd cae i Glenda Hughes, Penbidlen. Fuo raid mi adael fy Wotabix ar ei hanner gan mod i'n methu ista'n gyfforddus ddigon hir. Peidiwch â sôn – mewn poen drw dydd. Odd pasio dŵr yn iawn ond fedrwn i ddim codi nghoes yn uwch na Fflos tasa raid i mi.

Oedd y boen yn ddrwg uffernol pan es i rownd defed yn y Mitsubishi Open Top Pick-up Truck. O'n i'n methu gwthio nghoes ymlaen ddigon pell i newid gêr o ffyrst i secynd a mi ddaru siwrna sy fel arfer yn cymryd chwartar awr i fwydo defaid gymryd bore cyfa. Defaid yn edrych yn syn arna i wrth mi fynd rownd cae mor araf yn y pic-yp a mi sbiodd Fflos arna i fel tasa hi'n deud, "Tyd laen – dwi isio mynd rown buarth i sniffian olwynion ceir". Ma siŵr bod 'na fwy o fynd ar bacad o Haribos mewn cyfarfod o ddeiabetics nag odd 'na ar y pic-yp y diwrnod hwnnw. Ond dyna fo, 'de wa.

Erbyn amser te odd y boen yn uffernol.

"Be san ti?" medda'r hen ddyn.

"Gen i boen yn y trôns dipartmynt – teimlo fatha lwmp, hannar ffor rhwng y bocha a'r dingli dangli," medda fi.

"Ti *fod* i gael lympia yna," medda fo.

"Dwi'n gwbod," medda fi. "Ond ma hwn yn un ecstra!"

Fuodd o'n adrodd storis wedyn am yr holl bobol odd o'n nabod odd 'di cael lympia down belô ac yna wedi marw. Adrodd stori Yncl Dic ddaru o wedyn – deud y cafodd o lwmp ac o fewn thefnos odd y cradur 'di marw a hynny wrth godi canu yn Nghapal y Christian Snorklers. Tenor oedd o, ond ma 'na sôn bod o wedi mynd i ganu desgant ar yr emyn ola. Ath o mor uchel medda nhw, odd gwydra cymun yn shatro, ac yna mi glywon nhw ecsploshyn bach yn dod o gyfeiriad 'i drôns cyn iddo fo golapsio. Ma raid mi ddeud, o'n i dal i deimlo'n uffernol ar ôl y parti ond wedi i'r hen ddyn fynd on ac on am yndyrpant lymps am hanner awr, gymris i bên cilars a mynd i ngwely am hanner awr wedi wyth, â chalon drom a beiro. Y galon drom am mod i ddim yn mynd am beint, a beiro er mwyn gneud rhestr o records o'n i isio nhw chwara yn 'y nghnebrwng. Rhestr fer o dair record canu gwlad 'nes i yn y diwadd – ma gas gen i ganu gwlad ond os dwi'm yn cael mwynhau fy hun pan dwi'n marw, dwi'm yn gweld pam ddiawl ddylia rhywun arall gael neud chwaith!

Rhyfadd fel ma petha'n gallu newid yn sydyn, tydi. Fel ma'r Sais yn deud, at ddy drop of y hat. Wel, mi wellodd petha i mi reit sydyn – at ddy drop o ddy trôns, uffen. Dynnis nhw lawr a mynd am fy ngwely a sylweddoli bod y poena down belô wedi mynd, uffen. Wedi diflannu'n gynt na fodca o botel alcoholic! Sbio yn fy nhrôns 'nes i wedyn a gweld bod 'na parti popyr gwag wedi lojo yn fflap y wai-ffrynts ers parti noson cynt, a ma dyna odd wedi bod yn rhwbio petha dodd o ddim i fod i rwbio!

Dim yr unig beth ecsblosif ddoth allan o nhrôns!

O'n i'n teimlo lot gwell wedyn, wa. O'n i'n canu fel cana'r aderyn yn hapus yn ymyl y lli. Yn canu fel dyn wedi colli lwmp o'i bethma. Dodd dim rhaid mi blanio nghnebrwng bellach. Felly be 'nes i? Wel, gneud be fysa pob dyn hapus, call, yn ei neud... mynd allan i ddathlu. Es i am beint!

Eira

Eira, eira, eira, eira, eira, eira. A rhag ofn bo' chi heb sylwi, yndê waa, dyma 'na lwyth arall o eira ar ei ben o. Wannwl dad, uffen. Yy? 'Dan ni wedi gweld eira ofnadwy yn ddiweddar. Yn do, wa! Y?

(Eira 'di pwnc y darn yma, 'gofn bo chi heb sylwi. Os dach chi'm 'di dallt erbyn hyn, cerwch ar y we a gwglwch 'Ma rywbeth yn bod arna i' neu 'Help i bobol thic'. Peidiwch â phoeni, fe ddaw 'na rywun acw i helpu chi wisgo'n bora, cyn i chi gael cyfle i weiddi "Dwi methu clymu sgidia fy hun!". Be bynnag newch chi, 'de wa, cymrwch ofal uffen, a pheidiwch â thorri torth efo cyllall fara os nad oes 'na oedolyn neu rywun cyfrifol efo chi.)

Be bynnag. Do, 'dan ni wedi gweld cryn dipyn o eira'n ddiweddar. Dim ond ffŵl sydd yn gofyn pam fod eira'n wyn, chwadal Dafydd Iwan, ac ma'n ddigon gwir. Ond pan dach chi'n styc yn tŷ ar ôl pythefnos o eira heb drydan, does 'na ddiawl o ddim byd arall i neud ond gofyn pam *fod* eira'n wyn! Fuon ni wrthi'n chwara sharâds un pnawn

– yr hen ddyn a'r hen ddynes a fi. Tydi sharâds yn dda i ddim mewn eira. Yr unig beth gafon ni i feimio oedd 'Pam fod eira'n wyn?', 'Snow White a'r saith corrach' a 'I'm dreaming of a white Christmas'!

Ma gas gen i eira, uffen. Pan o'n i'n ifanc, o'n i wrth fy modd efo'r stwff gwyn, wrth fy modd yn taflu peli eira, ond y dyddia yma, does 'na fawr o hwyl i gael yn eu taflu nhw. Ma petha 'di newid – ma'r sbort 'di mynd. Odd Mam yn symud yn gynt ers talwm, ond bellach ma hi'n ara fatha malwen efo'i ffon a does 'na ddim sbort mewn taflu peli eira at rywbeth sy mor slo. A hyd yn oed *petawn* i'n taflu peli eira ati 'sa raid i mi stopio bob hyn a hyn i helpu hi 'nôl ar ei thraed.

Fel ma rhywun yn mynd yn hŷn, ma person yn sylweddoli mai eira 'di'r peth mwya diflas ar wynab y ddaear am nifer o resymau. Ma hi'n amhosib gneud dim byd yn'o fo, does 'na ddim byd i'w weld ond eira, a fedrwch chi'm siarad am ddim byd ond eira. Does ryfadd felly bod yr Inuit yng ngogledd Canada wedi meddwl am saith gair i ddisgrifio eira. Does 'na *sod all* ddim byd arall iddyn nhw neud yno, uffen – blaw byta pysgod.

Fuo hi'n eira am wsnosa acw leni ac iesral, odd hi'n oer, wa. Fedrach chi'm mynd allan o'r tŷ heb doman o ddillad amdanoch. Odd gin i haen ar ben

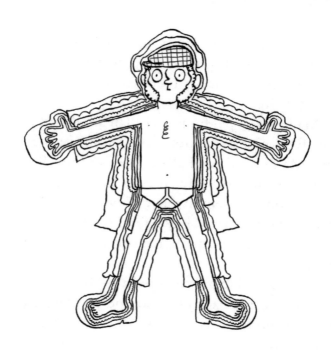

Fi yn edrych fatha dyn o adfyrt Ready Brek

haen o ddillad, a petai rhywun wedi gwneud *cross section* ohona i 'swn i'n edrych fatha llun daearegol o Ben y Gogarth, Llandudno, uffen. Wwww.

Rhai boreua, 'de wa, rhai boreua, o'n i'n gadal tŷ efo mwy o ddillad arna i na siop Tenovus, uffen, ac wedi rapio'n gynnas fatha tanc dŵr poeth yn eirin cybyrd, uffen. Deud y gwir, odd hi mor oer, odd yr hen ddyn 'di dechra gwisgo lagin jacet goch o'r tanc dŵr poeth pan odd o'n mynd allan. Dodd hynny ddim yn broblam, ond pan welis i o'n rhedag ar ôl dwy ddafad yn cae un pnawn, uffen, o'n i'n meddwl mod i'n gwylio gêm biliards!

Ma hi'n job peidio mynd allan am ddiod i pỳb pan fydd eira o gwmpas, tydi. Ond be newch chi? Ma raid mi fynd allan yn nos, does. Pan fo gynnoch chi hen ddynas sy'n gneud dim ond gwylio operâu sebon a hen ddyn sy'n gwneud dim ond torri gwynt i gyd-fynd efo hysbysebion y dyn Go-Go Compare, ma rhywun isio newid, does.

Clefyd y Caban ma nhw'n ei alw fo, 'ndê? Diwrnod cynta dach chi'n sownd yn tŷ ma pawb wrth eu bodd ac yn gytûn. Ma 'na rwbath reit rhamantus am yr eira adag hynny, does. Pawb yn dychmygu sefyll o gwmpas tanllwyth o dân yn gwisgo jympars gwlanog ac yn yfed Hornix Advocat ac yn canu carolau wrth i Mam wthio'r *hostess trolley* i mewn â'i llond hi o ginio dydd Sul, nes bod y syspension ar y diawl 'di dechra sigo. Pawb wedyn yn stwffio llond eu bolia o fwyd. Yr hen ddyn yn gorfod agor top ei drwsus am fod o mor llawn, a'r hen ddynas wedyn yn cario llond pwcad o sheri treiffl a'i osod ar y bwrdd, tan ma rhywun yn sylweddoli bod o rhy drwm a bod coesa'r hen fwrdd bach yn pwyntio i wahanol gyfeiriada, fatha coesa llo bach newydd-anedig.

Yr ail ddiwrnod o eira, 'de wa, ac ma'r rhamant wedi dechra mynd, yn tydi, uffen. Ma 'na rew ar y gwydr tu fewn i ffenast y llofft. Fedrwch chi gael ffrostbeit wrth ddod allan o'ch gwely a does 'na ddim byd gwaeth na mynd i'r tŷ bach am wagiad a chael sblash bac am fod y dŵr yn y toiled wedi rhewi.

Ma'r cynta i godi o'r gwely adag eira yn gorod mynd i'r draffarth uffernol o glirio'r lle tân a mynd â lludw allan yn yr oerfel hefyd, tydi. Hen job ddiddiolch 'di honna, felly fydd yr hen ddyn a fi yn gadael y job yna i Mam – gan ei bod hi wedi arfer gneud y jobsys diddiolch. Dwi'n deud y gwir, gyfaill annwyl, erbyn yr ail ddiwrnod ma'r hen *gloss* a'r rhamant wedi dechra colli sglein, uffen. O ydi, wa. Tydi bron â llithro ar eich tin wrth fynd allan yn eich welingtons ddim hanner mor ddoniol ag yr oedd o'r diwrnod cynt.

Pan dach chi'n sylweddoli'ch bod chi'n gwylio *Wedi 3* am yr ail ddiwrnod yn olynol, dach chi'n dechra styried eich bodolaeth ac yn gofyn i chi'ch hun, "Ydi mywyd i wedi dod i hyn?". Pan adewais yr ysgol rodd gin i freuddwydion mawr. Breuddwyd o fod y ffarmwr gora yng Nghymru a drychwch arna i rŵan – yn ista ar soffa yn malu awyr efo'r hen ddyn, a gwylio dau arall yn malu awyr yn ista ar soffa yn Llanelli. 'De waa!

Er, cofiwch chi, sa well gin i fod ar soffa efo'r hen ddyn acw, achos ma gin yr hen ddyn lai o flew dan ei drwyn na hanner y merched sy ar *Wedi 3*! Gyda llaw, dwi'n meddwl bod gan yr hen ddyn sofft sbot am yr Elinor Jones 'na, uffen. *Fuo* gynno fo sofft sbot am Angharad Mair ond fel mae'n deud bellach,

"Dwi 'di gweld fwy o gig ar ffedog Dafydd Bwtsiar 'cw! Pwy sy isio wy 'di ffrio wedi saith, pan fedrwch chi gael melons yn pnawn am dri?!"

Pan fyddwn ni allan yn gweithio, mae'n benderfynol o fod yn ôl yn y tŷ i weld *Wedi 3* a'r hen Elinor Jones. Wyddoch chi be? Fedran ni fod ar ganol joban go fawr ar ben mynydd ond unwaith ma'r cloc yn taro chwarter i dri, 'de wa, ma'n dechra glafoerio a brysio am y tŷ fatha hogyn o dre am ei fethadôn. Ista yno fydd o wedyn, yn syllu ar y teledu, uffen, mỳg o de yn ei law o phlatiad o fisgedi ar ei lin, wa. Dyncio'i fisgedi mewn i'r te fydd o wedyn ond pan fydd Elinor annwyl ar y sgrin mi fydd yn anghofio'u rhoid nhw yn ei geg gan bod o'n syllu'n gegrwth arni gyhyd.

Un diwrnod, odd hi'n edrych yn ddeliach nag arfar, mewn sgert odd yn ddigon byr i ddangos ei phenglinia, peidiwch â sôn! Wel, mi syllodd o gymaint a cholli gymaint o fisgedi mewn i'w banad odd o fatha cawl erbyn diwadd. Ma Mam yn flin iawn efo fo am syllu arni, a weithia fydd o'n taeru bod o'm 'di bod yn ei gwylio hi, er ma'r hen ddynas yn gwbod yn iawn achos ma 'na hoel glafoerio ar frest ei siwmper a llond mỳg o waddol Ginger Nuts. Ma'n casáu gweld y John Hardy 'na, yn enwedig pan fydd y camerâu arno *fo* a ddim ar Elinor. 'Di o'n gneud dim byd ond tuchan, uffen! Fedar John fod yn cynnig mil o bunna i'r hen ddyn, ond tuchan a chwyno wnâi ffaddyr nes bod y llun yn newid i un o Elinor.

Ma'n ddigon hawdd gwbod os 'di Elinor ar ei holides achos pan ddaw o allan o'r tŷ, ma un o'r cathod yn cael gymaint o gic yn ei thin nes bod honno'n fflio drwy'r awyr ac yn colli un o'i bywyda.

Be bynnag, uffen, eira. Os dach chi 'di bod yn styc yn tŷ adag eira am dridia erioed, wa, dyna pryd ma petha'n dechra mynd lawr allt. Yyy? Www ia. Erbyn amser cinio ar y trydydd diwrnod, yndê wa, mi fydd popeth odd werth ei ddarllen *wedi* cael ei ddarllen ddwywaith, dair a mi fydd pob fideo o *Cefn Gwlad* wedi ei wylio a Mam 'di cael cyfle i dorri gewina traed pawb yn tŷ efo pâr o pleiars. Fel arfer, adag eira, ne pan fydda i'n ddiflas, mi fydda i'n trio darllen *Cysgod y Cryman* gan Islwyn

Ffowc Elis (am y canfed tro) ond uffen, wedi mi gyrraedd y ffwl stop ola ar y dudalen gynta, ma hi'n ffwl stop ar y darllen, uffen! Pwy sy isio darllen am ffarmwrs yn Sir Drefaldwyn be bynnag, 'de wa? Fel ddudodd Jac Cacan Gwstard unwaith, wedi iddo fod yn canlyn hogan o Ddyffryn Banw – ma Powys fatha'r merched sy yno – yn fawr ac yn llydan, a does 'na ddim byd llawer yn digwydd yno yn nos.

Be bynnag, uffen. Diwrnod tri yn yr eira, uffen, a mi fydd rhyw breit sbarc wedyn yn cael y syniad gwych o fynd i gwpwrdd dan grisia i nôl y Monopoly. Grêt, medda chi – ella bod o, uffen, ond ddim yn tŷ ni. 'Dan ni 'di colli'r Rheolau ers 1978, a ma gweld y bocs yn dod allan yn golygu bydd 'na gythral o ffrae cyn swper, a mi fydd 'na fwy o bobol blin na welwch chi yn Affganistan ac Irac efo'i gilydd!

Yr unig reolau sy gynnon ni dyddia yma ydi'r rhai sy wedi cael eu pasio o genhedlaeth i genhedlaeth, a dwi'n siŵr bod yr hen ddyn wedi gneud rhai fyny, uffen! Tro dwetha ddaru o chwara efo Mam (dwi dal i sôn am chwara Monopoly), y tro dwetha ddaru o chwara efo'r hen ddynas mi driodd fenthyg pres gan y banc gan ddefnyddio cyfriflen go iawn o'i gyfrif HSBC fel gwarant, a gofyn i *mi* fod yn Lloyds o' London a rhoid yswiriant arno.

Pan ddudodd yr hen ddynas fod y banc Monopoly yn mynd trwy drafferthion ariannol ac yn gorfod stopio benthyg pres oherwydd y credit crynsh a'u bod am brynu Groeg, mi roth yr hen ddyn gymaint o gic i'r bwrdd nes bod y pres papur yn fflio fel conffeti. Fuo 'na gythral o ffrae, uffen, a ddaru'r diawled gwirion ddim siarad efo'i gilydd am wsnosa. Plant, 'de wa. Pwy faga blant? Naci – pwy fywia efo'i rieni?! Ddaru nhw mond stopio wedi i mi gael un o fy ffrindia i gogio bod yn ffeinansial syrfus ombwdsman a'u ffonio a deud wrth yr hen ddyn i dyfu fyny, uffen!

Ia, hen beth sy wedi gweld dyddia gwell ydy'r Monopoly sgynnon ni adra, wa. Y? Ew ia. Tydi'r het, y car a'r llong arian ddim gynnon ni bellach chwaith. Dwi'm yn ama bod y llong wedi cael ffling i'r tân wedi i'r hen ddyn sathru arni yn nhraed ei sana un Nadolig. Erbyn hyn sgynnon ni ddim llong na car na het na ci bach yn ein set ni o Monopoly. Nag oes wir, uffen. Ma'r het yn fagned odd yn dal cwpwrdd gegin ar gau, y llong yn fotwm lledr oddi ar gôt croen dafad odd gan fy chwaer pan odd hi'n coleg, a'r car bellach ydy'r badj goliwog efo banjo gafon ni am ddim efo ugain o labeli marmalêd yn 1971. Dwi'n cofio Jac Cacan Gwstard yn dod acw unwaith a gweld y goliwog. Dyma fo'n pwyntio ato a gweiddi, "*Racist* 'di hyn", a dyma'r hen ddyn, uffen, odd ddim yn gwbod be odd *racist*, yn gweiddi 'nôl, "Naci, *Tommy* 'di'r un efo'r banjo!"

Be 'di'r tebygrwydd rhwng Nerys Cae Gwyn a Monopoly, uffen?

Ma gan y ddau comiwniti chest.

O.N. Fuo bron i mi ffonio'r Iolo Anifeiliaid Gwyllt 'na, wa. Fues i ben mynydd yn yr eira a meddwl mod i wedi gweld Arctic Fox, uffen. Siomedig iawn o'n i ar ôl bod adra i nôl beinociwlars a sylweddoli mai dafad efo llygaid slei odd hi.

O.O.N. Flynyddoedd yn ôl, wedi i ni fod yn sownd yn tŷ am wythnos yn yr eira, dwi'n cofio'r hen ddyn yn mynd yn ddwlali tip top tap efo Clefyd y Caban. Odd o wedi dechra meddwl ma fo oedd Napoleon ac mi fyddai'n dod lawr grisia bob bora efo'i fraich dde wedi ei stwffio rhwng bytyma jacet ei bajamas, uffen. Doddan ni'm yn meindio tan ddechreuodd o weiddi ar Mam bod o isio'i frewcast mewn Ffrangeg.

"Allez chercher le Uwd et du brioche, ma petite" fyddai'n gweiddi bob bora a fydda fo ddim yn hapus nes oedd Mam yn dweud "Wi, Myshiŵr" yn ôl wrtho. Fuon ni'n trio mynd â fo at y doctor

ond doedd dim posib mynd â'r cerbyd allan o'r buarth oherwydd y lluwchfeydd eira. Yn diwadd mi gafon ni syniad a gneud be ma esgimos yn neud efo hysgis. Dodd gynnon ni ddim digon o gŵn, felly mi glymis i bymthag o ddefaid at ei gilydd mewn rhes a chlymu Dad i hen grêt bara oedd fatha sled yn y cefn. 'Dai'r defaid ddim i nunlla pan waeddon ni "Mwsh!" ond oddan nhw'n rhedag fel melltan pan waeddodd Mam "Mint sôs!" ar y diawled. Yn anffodus, roedd y doctor methu gneud dim byd iddo fo (doedd o ddim yn siarad Ffrangeg) ac felly y bu tan i ni gael llond bol arno fo'n actio Brwydr Waterloo bob nos wrth tân. Ddoth pob dim i stop bore wedyn – doth Dad lawr grisia fatha Napoleon a gofyn am ei frecwast ond mi galliodd yn syth pan wrthododd yr hen ddynes yn ei Saesneg gora ac wedi'i gwisgo fatha Diwc o Wellingtons!

Y Dêt

S'mae, wa? Diolch i'r drefn am y we, yndê, uffen. Ontefe w, sbo, glei, bachan. Ma'r 'waid waid web' 'ma wedi newid bywydau pobol tydi, uffen. Ma 'na lot wedi bod yn gofyn be ma 'di newid fwya yn eu bywydau. Lot o bobol yn dweud bod y byd wedi mynd llawer llai, eraill yn dweud bod hi'n bwysig cael newyddion o ben draw byd yn sydyn i'n cartrefi. Ond dwi'n meddwl ma'r peth pwysica ma'r we wedi dod i ffarmwrs fatha fi ydy ein bod ni bellach yn gallu cysylltu efo merched, a mynd â nhw allan am ddêt.

Diolch i'r drefn am y gweplyfr – ne Facebook, fel ma rhai'n ei alw o. Dyna'r unig le medrith ffarmwrs fatha fi gael *poke* heb ganlyniadau negatif! Un peth pwysig ddylia chi sylweddoli – os ydy dynes ar y gweplyfr yn dangos llun agos o'i gwyneb, ma un peth yn sicr, bod golwg y diawl ar y gweddill ohoni. Sut dwi'n gwbod? Dwi wedi diodda o'r weithred dan din – dan din ydi'r term cywir hefyd. Odd o mor fawr 'sa hi 'di gallu cuddio rwbath oedd hi isio o dan ei thin.

Ges i ddynes, Enid o Sir Drefalwyn, ar fy ôl i ar y we, uffen. Do wa. Odd hynny'n dipyn o syndod achos do'n i ddim wedi dallt bod gynnon nhw lectric ym Mhenybontfawr, heb sôn am y we.

Rargoledig, uffen – dwi'n gwbod dwi'm y peth delia ar y blaned ond i gymharu efo Enid o'n i fatha model gwrywaidd o'r hysbysebion shafio, uffen. Roedd y llun ohoni mor agos, 'mond un llygad odd yn y golwg. 'Sa chi 'di gweld hi pan ddoth hi allan o'r tŷ fysa chi wedi dychryn! Odd 'na gathod a chŵn yn yr ardal yn sgrialu i guddio a ma nhw'n deud nad oes adar wedi canu wrth ei thŷ hi ers blynyddoedd. Wyddoch chi be, uffen? Fel arfer, pan dwi'n mynd allan am ddêt tro cynta efo dynes, mi fydda i'n agor drws y pasinjar iddi. Tydi hynny ddim yn para'n hir iawn wrth reswm, achos y dêt cynta ar ôl i mi gael sws mi fydda i'n stopio gneud. 'Na i byth anghofio hogan o Lwyngwril yn disgwyl i mi agor drws y pic-yp iddi ar ein trydydd dêt. Odd hi'n sefyll tu allan i'r pic-yp a hitha'n glawio, yn gweiddi, "Ti'm yn mynd i agor drws i mi, David?"

"Nacdw," medda fi. "Agor o dy hun, y cythral diog!"

Be bynnag, 'nôl at stori Penybontfawr. Ddoth Enid allan o'r tŷ, uffen, ac odd hi mor fawr fuo bron i mi agor y *tailgate* a chynnig bod hi'n ista'n cefn yn gwellt. Tasa hi wedi deud "Dwi'm yn mynd i fanna neu fydd golwg y diawl arna i", byswn wedi atab yn ôl ddigon sydyn, "Fydd o fawr gwaeth na be ti'n edrych yn barod". Golwg – hy! Fel arfer ma genod blêr yn prynu dillad o ebay ne rwla ond odd hon 'di cael ffrog o catolog. Oedd wir, adran tarpolin o catolog Adeiladwyr Trefaldwyn. Odd ganddi ffrog ddigon mawr i orchuddio *low loader*, uffen, a tasa'r gwynt 'di codi, 'sa hi fyny yn yr awyr, a 'sa awyrenna o Fali 'di sgramblo i weld be oedd yr UFO odd yn hedfan dros y Berwyn.

Mawr? Anfarth. Ar ôl i mi agor drws y pic-yp iddi a'i gweld hi'n trio neidio fyny ac i mewn, ges i fy nhemtio i ofyn "Tisio hand, ta fforc lifft?", ond 'nes i ddim, uffen. Odd bwr' i ddau ddim digon mawr i Enid. Odd rhaid ni gael dwy gadair i ddal ei thin, uffen! Cyn gynted ddaru hi ista dyma hi'n dechra awgrymu bydda hi'n licio potal o siampên.

"Ew," medda hi, "does 'na ddim byd gwell na chlywed poteli siampên yn popio, nag oes."

Mi sbies i fyw ei llygid a deud dim byd. Siampên ddiawl. Odd ganddi fwy o siawns gweld ei thraed. Nesa, dyma hi'n cael y fwydlen gan y weitres ac yn dechra darllen yn uchel. Dwi'm yn gwbod os odd hi'n meddwl mod i'n methu darllen ta be – ma raid bod hi'n meddwl mod i'n foi reit

wirion achos o'n i wedi cytuno mynd ar ddêt efo
hogan mor fawr ac wedi cael fy nhwyllo gan y llun.
Wannwl dad, odd ei breichia hi'n fwy na mol i,
uffen, a tasa hi wedi eu chwifio nhw fwy, 'sa hi
wedi codi i'r awyr, blaw bod hi'n rhy drwm!

"Prôn Coctel, Garlic Myshrwms, Sŵp of the
Dei, Garlic Bred, Pate, Afocado. Mmm," medda
hi, "ma'r rheina'n swnio'n neis iawn, rhen gòg."

Mi sbiodd yn hyll arna i pan ddudis i,

"Ti'n gwbod ma gorfod dewis *un* ohonyn nhw
wyt ti? Dim cymryd y blwmin lot!"

Wedyn dyma hi'n dechra darllen y prif gwrs.

Fi yn poeni bod Enid yn mynd i myta fi!

Stêc efo hyn, stêc efo'r llall oedd hi wedyn, ac o'n i'n tagu bob tro odd hi'n galw'r prisia allan. Odd fy waled yn fy mhoced yn cael panic atac, uffen!

Bob i stêc gafon ni a mi fytodd Enid fel mochyn. Heb stopio, heb godi ei phen o'r cafn o blât oedd ganddi o'i blaen ond odd hi dal i fwmblan a malu awyr am glywed potel siampên yn popio. Odd 'na bobol o gwmpas yn gadael y lle am eu bod nhw'n methu byta yn yr un stafell â hi, ac erbyn y diwadd dim ond hi a fi oedd ar ôl. Ddoth y weitar ar ddiwedd y pryd. O'n i wedi talu deg punt iddo fo i ddeud bod y pwdins i gyd wedi mynd a phan ofnodd o i mi os o'n i isio'r bil, mi ddudais wrtho i ddod â fo ar rywbeth odd ddim yn fytadwy 'cofn i Enid ei gladdu efo'r gweddill oedd hi wedi fyta.

Flynyddoedd mawr yn ôl oedd hynny a bellach dwi'n meddwl bod Enid yn gweithio i ICI ac wedi cael OBE for Services to the Compost Industry. Mae'n dal yn hogan fawr ond bellach wedi cael opyreshyn i wneud ei hun yn llai. Fel arfar ma pobol yn cael staplau yn eu bolia, tydyn. Wel do, mi gafodd Enid staplau ac ar ben hynny gafodd hi ddau dwll pen-ôl, gan ei bod hi'n cynhyrchu gymaint o…!

'Na i byth anghofio hi'n sbio arna i wrthi iddi bigo cig eidion allan o'i dannedd efo cardyn credyd.

"Dwisio drinc. Dwi'n gwybod na i'm clywed popian potel siampeeeeen ond dwi'm yn gwbod be dwi fod i geeeeeel," medda hi.

"Cym rwbath tisio, o fewn rheswm," medda fi.

"Neeeeee," medda hi gan lusgo'r 'ne' nes bod o'n gwneud i mi deimlo'n seeeeeeeeeeel jyst yn gwrando arni.

"Dwi'n gofrod gwatieeeed be dwi'n yfed dyddia yma, beeeech. Tydi siampên ddim yn ffatnin, dwi'n gwbod. Dwi 'di bod yn Slimming World a WeightWatchers."

"Be odd yn bod?" medda fi. "Oddan nhw wedi cau?"

Am noson uffernol. Odd ei consymption hi wedi mynd fyny ac odd consymption petrol y pic-yp wedi mynd fyny hefyd ar ffordd adra. Wannwl deeeed, fel ma nhw'n deud – dwi rioed 'di gweld y pic-yp yn cael trafferth mynd fyny allt wrth gario gymaint o bwysa o'r blaen, uffen. Tuchan! Peidiwch â sôn. Wyddoch chi be? Ella mod i wedi clywed petha – ella mod i wedi dychmygu'r peth – ond pan stopiodd y pic-yp wedi i ni gyrraedd 'i chartref, dwi'n siŵr mod i wedi clywed y Sat Nav yn rhoid ochenaid o ryddhad. Do, wir i chi. Allan o berfedd y pic-yp, glywis i rywbeth ne rywun yn deud "Oooo, diolch i'r nef".

Pan ofnodd hi "Ti am roid sws i mi ta?" mi drodd fy stumog. O'r holl ferched del yn Sir Drefaldwyn, pam o'n i wedi cael hon, dudwch?

"Tyd o neeeeee," medda hi wedyn. "Tyd â un sws feeeeeeeeeeeeeeeeeech i lodes gleeeeen."

Ar y pwynt yna dodd gen i ddim syniad am be oedd hi'n mwydro. Be gythral odd 'lodes', medda fi wrth fy hun. O'n i ar goll, uffen, a phan drodd hi a deud "Tyd laen, yr hen gòg. Tyd â sws i lodes", 'sa waeth iddi fod wedi dechra siarad Swahili. 'Nes i'm byd ond gwenu'n wirion arni. Peth nesa, dyma hi'n dechra symud ei phen amdana i a rhychu ei gwefusa fyny wrth ddod yn agosach. Odd hi fatha gweld colar ceffyl gwedd yn dod amdanoch yn twllwch. Swsian − peidiwch â sôn − sugno fatha Dyson, mi sugnodd bob darn o stêc odd wedi bod yn sownd rhwng fy nannadd allan mewn chwinciad, uffen.

Nesa, dyma hi'n agor y drws i fynd allan ond ath hi ddim yn bell iawn cyn sylweddoli bod hi'n sownd. Oedd, uffen − odd hi wedi byta gormod ac yn sownd fel morfil ar draeth. Odd hi wedi byta gymaint, uffen, rodd hi'n methu mynd allan o'r pic-yp. Odd ei phen-ôl hi wedi jamio yn y drws.

Do'n i'm isio'r embaras o gael fy nal yn y sefyllfa yma, nag o'n. Es i allan o'r pic-yp, rhedeg rownd tu blaen a dechra'i thynnu hi allan. Tynnu bob ffordd ond doedd 'na ddim symud arni. Fues i'n gafael yn ei braich hi a thynnu, ond dim lwc. Gafael yn ei braich hi *a* rhoid coes i fyny yn erbyn y pic-yp a thynnu, ond dim lwc. Gafael yn ei phen hi *a* rhoid dwy goes fyny yn erbyn y pic-yp *a* thynnu ac eto dim lwc. Wedyn mi redais i mewn i'r pic-yp, cau'r drws, rhoid fy nghefn yn erbyn y drws gyrrwr a nhraed i ar ei thin hi a gwthio fel diawl nes o'n i'n biws yn fy ngwynab ac eto, dim lwc, dim gobaith.

Peth nesa odd rhaid mi fynd at ddrws y tŷ a chnocio i gael help gan ei thad. Pan welodd o fi yno odd o wedi cynhyrfu'n lân achos odd o'n meddwl mod i'n mynd i ofyn iddo os cawn i briodi Enid.

"Cei," medda fo'n syth cyn i mi ofyn cwestiwn. Odd o'n siomedig iawn pan ddudis i mod i ddim isio'i phriodi hi a mod i am iddo nôl y Ffyrgi bach i helpu ni dynnu Enid o'r pic-yp.

Odd hyd yn oed y Ffyrgi bach yn cael trafferth, uffen. Odd o'n tagu ac yn tuchan, a'r olwynion blaen yn codi wrth drio tynnu'r gadwyn odd ynghlwm yng ngwddw Enid. Yn diwadd, uffen, fuo raid ni roid ychydig o saim gŵydd dros ben-ôl Enid a rownd fram drws y pic-yp ac yna, efo un dynfa anferth arall gan y Ffyrgi, mi ddoth Enid allan. Mi hedfanodd hi drwy'r awyr a ma rhaid mi ddeud, odd hi'n edrych fal tasa rhywun 'di rhoid ffling i bafiliwn y steddfod, uffen. Do chi, do wir, ar ôl swnian fatha tiwn gron, mi glywodd Enid sŵn popio fatha potal siampên. Nid i ddathlu, ond ddaru'i thin hi neud sŵn ddigon tebyg pan ddaeth hi'n rhydd o'r pic-yp!

Y Trip Rygbi

Fuo pawb yn edrych ymlaen at y trip rygbi i Ddulyn yn fawr iawn, uffen. Ew do – pawb wedi cynhyrfu'n lân. Rhai, fatha fi, wedi trio dangos chydig o ddealltwriaeth o'r gêm ond, yn y bôn, camp i'r gwirion a'r concýsd ydi o'n y pen draw. Deg ar hugain o ddynion yn ymladd, paffio, ac yn fodlon tynnu llgada eu gwrthwynebwyr allan er mwyn cael eu dwylo ar bêl.

"Pam na nawn nhw roid pêl yr un i'r diawled?" medda Mam. "Wedyn 'sa popeth yn iawn."

"Achos os dach chi'n neud hynny," medda fi, "does 'na neb yn gwaedu a does 'na neb yn cael eu cario oddi ar y cae efo'u breichia nhw'n hongian off. Ma hynny'n boring – a dim rygbi 'sa enw'r gêm, ond Talwrn y Beirdd!" (Gas gen i Dalwrn y Beirdd, uffen. Llond y lle o swots Cymraeg yn teimlo'n smỳg am bo nhw 'di llwyddo i wrando a chanolbwyntio yn yr ysgol pan oeddan nhw'n sôn am y 'cynanheddion' a'r Pethe. Odd gen i fwy o ddiddordeb mewn hel gwair a defaid ac ŵyn, yn doedd. Diawl o beth – ma nhw'n dallt y groes, y lusg a'r sain, ond rhowch chi drosol i'r diawlad a does gynnon nhw ddim syniad be i'w neud efo hi.)

Y? Ww! Dulyn. Un peth sy werth ei weld yn Werddon. Be, medda chi? Y rygbi? Naci. Y swyddfa bost lle gafon nhw'r helynt yn 1912? Pwysicach na hynny, ond mae'n achosi ypreising gwahanol. Y merchad yno, 'de wa. Wannwl ded, uffen, ma merched Gwyddelig yn betha handi, uffen, o ydyn. Cathleen, Coleen, ar fy nglin, 'de wa! Uw, ia. Y? Poethach na rods nicwliar o Traws, uffen! Y gwallt coch ydi o, y gwallt coch sy'n gneud nhw edrych yn ddel, yndê wa? Hynny, a'r ffaith bod gynnon nhw fwy o frychni na dafad frith, uffen (a ma dafad frith yn ddigon del, tydi?). Yn wahanol i ddafad frith – dwi'n falch o ddeud – tydi genod Werddon ddim yn gneud eu busnes mewn cae, wel ddim hyd yma. Ond tra bod y wlad yn mynd drw broblema ariannol mawr, dwi'n siŵr bod ambell un yn y llywodraeth 'di dechra gneud yn eu trwsus!

Merched Gwyddelig *yn* betha del, uffen, a dwi 'di bod mewn cariad efo nhw ers blynyddoedd. Ma nhw'n enwog am fod yn soffistigedig, o ydyn, coeliwch chi fi… does dim rhaid chi edrych ddim pellach na Mary Robinson, yr Arlywydd; a Maureen, Bernie, Coleen a Linda o'r Nolan Sisters. Ew, petha secsi odd y Nolans! Tasa chi'n chwara 'I'm in the mood for dancing' yn gyhoeddus heddiw rownd pentrefi cefn gwlad, 'sa dynion dros eu 45 yn byhafio fel *zombies* ac yn syllu i'r pellter canol efo chydig o boer yn rhedeg o ochor eu cegau wrth lafoerio a siglo'u tina. O ydyn. Coeliwch chi fi, wa. Does dim byd gwell na'r Nolan Sisters. Secsi, wwwwff, oddan nhw'n gneud i'r Diliau edrych fel criw o leianod, uffen. 'Cofn bod chi adra'n gofyn i chi'ch hun pwy gythgiam oddan nhw, wel, y Nolan Sisters odd y grŵp dwetha i gael hit record ac ymddangos ar *Top of the Pops* mewn cardigans melyn.

Wel, o'n i wedi gobeithio, gan bod nhw'n diodda efo'r credit crynsh yn Werddon, y bysa merched Dulyn yn gweld hogia cefnog golygus fel ni ac yn gneud unrhyw beth fedran nhw i adael y lle, uffen. Wel, ella bod hynny ddim yn wir ond dyna oddan ni i gyd yn obeithio. Ond fel dudodd Eirlys y Delyn, "Os dach chi'n meddwl bod merched Werddon isio gadael eu gwlad i symud ffor hyn atoch *chi*, ma isio sbio ar 'ych penna chi!"

Hen snotsan 'di Eirlys. Cerdd dant 'di pob dim gynno hi. Boring 'di hwnnw, a mae o wedi gadael ei hoel arni hi. Odd pobol yn deud ers talwm bod 'na dipyn o fynd ar Eirlys y Delyn ond ma hi 'di mynd i'r oed bellach 'sa isio chi bwmpio'n o hegar ar y fegin i boethi ei thân.

Be bynnag i chi, Nain yn llyncu pry. Doedd 'na neb yn poeni llawar am gael ticed i'r rygbi, uffen, ond mi fuon ni gyd yn safio pres i'w wario ar gwrw, 'de wa. Ew, uffen! Oeddan ni'n edrych mlaen uffen i gael mynd. Do'n i rioed wedi bod mor bell, wa, o naddo, a'r 'gosa fues i i wlad ddiarth cyn trip Werddon, odd cael mynd i ochra Bermo i brynu *alloy wheels* i Subaru Impreza Dafydd Hendre Goch. Dyna chi siwrna − welis i betha y diwrnod hwnnw do'n i rioed wedi gweld yn fy mywyd. Os dach chi isio gweld pobol anwaraidd sy'n byw mewn tlodi, peidiwch â mynd i'r Trydydd Byd, ewch i Bermo. Dwi'n cofio deffro wrth i ni gyrraedd yno o ochra Dolgella a meddwl bod Daf 'di cymryd y tro rong yn Llanelltyd ac wedi landio yn Ne Affrica, uffen! Unrhyw funud rŵan, medda fi wrth fy hun, unrhyw funud rŵan 'dan ni'n mynd i fynd rownd cornel a gweld Nelson Mandela a Desmond Twtw ar y traeth yn byta Strawberry Mivvi, uffen! Dodd o ddim y lle gore ond odd pawb odd yn byw yno'n meddwl bod nhw'n byw yn Shangri-la (pentref wrth ymyl Glyn Ceiriog), uffen!

"Barmouth is smart. We got palm trees on tut prom," medda boi odd yn gwerthu olwynion.

"So what?" medda fi. "I got a cap on my tut head, but it doesn't mean I'm a bottle o sos coch, does it!"

Cythral gwirion.

Cyn y trip i Werddon, 'de wa, 'sach chi'm yn coelio, uffen, fuon ni am wsnosa yn trio cael Jac Cacan Gwstard i ddallt bod rhaid iddo newid ei bres i euros. Odd o 'di clywed bod petha mor ddrwg yn ariannol ar ein cefndryd Celtaidd odd posib i chi fynd mewn i pỳb a chynnig hanner dwsin o wya iddyn nhw am beint o Guinness. Hyd yn oed wedyn, ar ôl i ni egluro, dwi dal ddim yn meddwl bod o wedi dallt.

"Be ga i mewn pỳb am hanner dwsin o wya 'ta?" medda fo.

"Chei di'm llawer mwy na dwrn yn dy drwyn," medda fi 'tho fo.

Odd pob Twm, Dic a Henri yn edrych mlaen i gael mynd, doedd. Idris a Gwion wedi prynu trowsus newydd a finna wedi mynd i drafferth i edrych fy ngora er mwyn cael hudo rhyw Cathleen neu Maureen allan o'r wlad, er bod ambell un wedi deud ma'r unig ffordd o'n i'n mynd i dwyllo dynes oedd prynu bleindffold iddi. Ta waeth am hynny, wa, 'nes i benderfynu gwneud ymdrech ac mi es i wario pres, uffen. Dim egspens 'di sbario, yndê wa. Gwthio'r cwch allan, 'de uffen, chwadal y

Sais. Gadael i bobol wbod bod ni'n *boys on tour* a'i gneud hi'n glir i bawb mod i'n benderfynol o gael dynes yn Werddon. Do, uffen, es i dre a phrynu pâr newydd sbon o Hunter Wellingtons. Wow! Mam bach. Dwi'n gwbod. Dwi'n siŵr bo chi ferched yn darllen y frawddeg ddwetha 'na ac wedi cael palpyteshyns, ac ysfa i ddod i chwilio amdana i, do? Dwi'n clywed chi i gyd yn cynhyrfu wrth ddarllen! Ma pobol ffor hyn yn gwbod, a bellach ma'n iawn i'r byd a'r betws wbod, mod i'n dipyn o big spendar pan ddaw hi i hudo merched! Dim pâr cyffredin o welingtons mohonyn nhw. Ew, naci wa – dim pâr o rai tena am bum punt sy'n gollwng dŵr jyst i chi ddangon *llun* hoelan iddyn nhw. O naci. Sut bod rhai Hunter yn wahanol? Wel, mi dduda i wrtha chi. Ma lot o bobol yn prynu Merc ne BMW jyst am y badj, wel, ma 'na lot o bobol yn deud 'run peth am Hunter Wellingtons achos ma 'na label ar tu blaen yn deud Hunter, o oes, uffen. Smart. Hefyd, a hyn sy mwya cŵl amdanyn nhw, ma 'na fwcwl ar yr ochor er mwyn chi neud nhw'n fwy tyn, uffen! Crand, 'de wa – 'di o'm bwys os dach chi'n gwisgo trwsus cordiroi ne jyst yn nhraed eich sana, fedrwch chi'u adjystio nhw i neud nhw'n gyffyrddus. Oddan nhw'n wyrdd ac yn sgleinio yn twllwch fatha brithyll o Lyn Trawsfynydd, uffen. *Latex* efo *orthopaedic foot bed*, uffen, efo leining antibacterial. Jyst y peth i gael gwared o hen ogla traed. Ew, tasach chi'n cerddad lawr stryd Llangwm efo rhywbeth fel 'na ar eich traed 'sa genod yn poethi, uffen! Bysa'r newyddion rownd y pentre bod 'na ryw stalwyn cefnog o gwmpas efo welingtons newydd, wa! A bysa gwragedd priod yn rhedag i'w drysa ar ganol *Wedi 7* i weiddi, "Iŵ hŵ – hw ar iŵ?!"

Welingtons 'di'r petha i droi penna merched fforcw. Wchi fel ma nhw. Gwahanol ym mhob man ond cerwch chi lawr stryd Pwllheli mewn

Welis i ddim byd tebyg!

Jaguar a neith y merched stopio'n stond a throi eu penna i weld chi'n mynd heibio. Ond yn Nhudweiliog ma nhw'n stopio pob dim a gwylio chi'n mynd heibio tasach chi ond yn pwsio berfa, uffen!

Yn anffodus, yn drist iawn, bron â crio, 'de wa, fe chwalwyd brwdfrydedd pawb am y trip i'r Ynys Werdd pan glywon ni fod Hywel Herc yn gorfod mynd i sbyty i gael llawdriniaeth ar ei goes. Ond nid dyna'r newyddion gwaetha... roedd y newyddion hwnnw eto i ddod.

Mi oedd rhyw gythral gwirion wedi cynnig tocynna Hywel 'Hopalong' Herc i rhyw weinidog o ochra Pentrefoelas a Phenmachno. Haleliwia, siom i'r siwrna! Gwnidog?!

"Rargol fawr," medda fi, "fyddwn ni'n canu emyna yn y Mitsubishi Open Top Pick-Up Truck ar y ffordd i Gaergybi os oes 'na wnidog yn dŵad efo ni."

Pwy oedd y cythral concýsd ddaru wahodd gweinidog yr 'Efengyl Tangnefedd, O Rhed dros y Byd' (wel, Werddon) efo ni? Doedd gen i ddim syniad pwy oedd wedi gwahodd y bashar a doedd gen i ddim syniad pwy oedd o, er cofiwch, 'de uffen, odd gen i lot o barch ato fo. Os oes rhywun yn haeddu penwythnos o hoe o'i waith, wel rhywun oedd yn trio achub pobol Penmachno oedd hwnnw. Ma 'na ddigon o waith achub yn fanno i dri chant o saint, medda'r hen ddyn 'cw!

Wel wir, uffen. Do'n i ddim yn edrych ymlaen at y trip erbyn diwadd. Dampnar go iawn odd ffeindio allan fod rhywbeth mor sych yn dŵad efo ni – mwy o damp nag oedd 'na ar gadair Taid ers talwm, uffen! Gweinidog yr Efengyl ar drip efo'r hogia. Ma hynna fatha mynd â Mary Jones, Llanfihangel y Pennant, i glwb *lap dancing*, uffen! Pwy glywodd am ffasiwn beth? Do'n i ddim isio mynd efo gweinidog er, uffen, mi fydda hi'n handi cael rhywun ar y llong i Werddon tasa'r môr yn dymhestlog, 'de wa. Pan dach chi isio rhywun i gysylltu efo'r Dyn Fyny Grisia, wel tydi boi gwerthu ffôns yn dda i ddim, nacdi? Dach chi angen rhywun efo hotlein i'r top!

Na, dodd gen i ddim awydd trip efo gweinidog, yn enwedig un *happy clappy* fel o'n i wedi clywed odd hwn. Odd 'na storis 'i fod o wedi cael ei hel o Nebo am gerddad o gwmpas y lle yn canu 'Dewch efo fi i ddiolch i Dduw' wrth chwara tamborîn. Dodd y bobol leol ddim yn hapus iawn, achos wythnos ynghynt roddan nhw 'di colli gwasanaeth bws i'r pentref a ddim yn teimlo bod angen diolch i neb am ddim byd.

Hen betha gwirion 'di'r *happy clappies*, 'de. Dwi'n cofio un o Goleg Bala yn dod i'r ysgol aton ni unwaith. Ew, dyna chi foi boring, ac odd o'n sychach na jwg cymun Capel Soar y Mynydd, uffen. Odd o mor boring fysa rhywun efo insomnia mewn coma cyn 'ddo gael cyfle i orffen deud "Cydweddïwn", uffen! Trio deud wrthan ni blant ysgol i beidio dechra yfad oedd o, ar ffurf cân odd o wedi'i sgwennu i dôn *Match of The Day*. Bysa Frank Bough yn troi yn ei fedd, uffen! Rargol fawr, wchi be, erbyn iddo fo orffen canu, o'n i'n benderfynol o fynd i lawr i Siop Glyn Alc i brynu cwrw er mwyn gneud yn siŵr mod i'm yn tyfu fyny i fod yn hen wlanan fatha fo, odd yn sgwennu caneuon gwael ac yn mynd rown ysgolion yn troi pobol off.

Gweinidog yn Nulyn? Hy? Do'n i ddim isio sefyll ar lannau'r Liffey yn trio confyrtio Catholics i Fethodistiaeth achos ar ôl deg peint o'r hen stwff du 'swn i'n cael digon o drafferth deud fy enw, heb sôn am ddeud Methodistiaeth!

Fel dudodd Jac Cacan Gwstard am Fethodists ar ôl bod yn Rhyl efo trip Merched y Wawr i Bingo,

"Ma Methodistiaeth yn Rhyl 'di gorffen," medda fo. "Ma'r oes 'di newid – ma mwy o bobol yn fanna ar methadôn!"

Mynd allan ar y llong o Gaergybi ar y dydd Iau ddaru ni er mwyn i ni neud trip go iawn ohoni.

Dim chwara o gwmpas oddan ni – oddan ni'n benderfynol o gael amser da. Dim malu awyr a dim hongian obwyti – fel ma pobol sowth yn deud. Oddan ni'n benderfynol bod ni'n mynd i ddod 'nôl mewn diawl o stad, uffen, a dodd 'na ddim byd yn mynd i'n stopio ni rhag cael lot o hwyl. Wel, blaw am un peth. Sâl!? Ych a fi – fi, a'r môr. O'n i'n teimlo'n sâl môr wrth gerdded dros y bont i'r harbwr a chlywed hogla halen a sŵn gwylanod, uffen! Erbyn mi gyrraedd y bont odd yn arwain o'r tir i'r llong, o'n i'n taflu fyny, uffen. Ofynnodd Dewi Tyddyn Clap os o'n i isio sic bag ond odd hi'n rhy hwyr, o'n i 'di bod yn sâl yn fy mag fy hun ac yn wynebu tridia yn Werddon heb newid fy nhrôns.

Be bynnag, hidiwch befo am fod yn sâl am eiliad, ma'n siŵr neith y rhai ohonoch chi sy'n trafeilio lot uniaethu efo be dwi am ddeud nesa – cythral o beth 'di hiraeth, 'de. Wyddoch chi be? Ges i bwl go hegar o hiraeth am gartra a Chymru annwyl. Fues i'n meddwl am Fflos a Nel gymaint fel bod 'na ddeigryn yn fy llygaid. Crio mwy wedyn yn meddwl mod i'n mynd i golli cinio dydd Sul yr hen ddynes ac erbyn i mi feddwl am Gymru annwyl a'i mynyddoedd a'i thraddodiadau, o'n i'n ddigysur. Nadu crio i fy hancas ac yn gweiddi mod i isio mynd adra... ac odd hynny cyn i ni adael yr harbwr a boi o Gwalchmai'n dal i afael yn y rhaff oedd ynghlwm i'r fferi.

Peth nesa (dwi'n teimlo'n sâl jyst yn sgwennu hwn efo mhensal), peth nesa, dyma'r capten yn rhoid y llong yn rifŷrs, a dyma hi'n dechra ysgwyd a feibretio. Fatha trio llusgo buwch allan o feudy gerfydd ei chynffon. Fedrwn i neud dim byd ond estyn am fy mag a thaflu fyny eto, wa.

"Dos i ffeindio'r gwnidog reit handi," medda fi wrth Jac Cacan Gwstard cyn i mi... Ond odd hi'n rhy hwyr, o'n i wedi!

"Os dwi'n mynd i fod yn sâl fel hyn yr holl ffordd yno, 'sa well mi gael fy eneiniad ola, fatha ma'r Cathlics yn cael," medda fi.

Wyddoch chi be, 'ffen? Ddaru ni sylweddoli wedyn fod 'na neb wedi gweld y gweinidog ers ddaru ni gyrraedd Caergybi. Panic steshyns oedd hi wedyn. Neb yn gwbod ble oedd o ac yn gobeithio bod o'n iawn. Os oddan ni wedi ei adael yng Nghaergybi am benwythnos, does wbod be fydda'n wynebu ni pan 'san ni'n dod adra. Mi fysa'r diawlad wedi ei gynnig fel offrwm i Satan neu hyd yn oed waeth na hynny, ei gonfyrtio i fod yn Labour Party Supporter! Ath rhai i chwilio amdano fo ar y llong gan obeithio bydda fo yno i ddeud rhyw weddi fach — i bawb mewn *peril* ar y môr, fel ma nhw'n ddeud 'de, wa. Wyddoch chi be, uffen? Dodd 'na'm golwg ohono fo yn unman, wa. Chwilio a chwilio ddaru ni ond ma chwilio am rywun mewn coler wen a siwt ddu ynghanol llond cwch o leianod fatha chwilio am nydwydd mewn toman wair. Wyddoch chi lle oedd yr uffar? Yn bar yn meddwi efo hanner dwsin o ferched Downsio Gwyddelig o Shimileili County Cork!

Os oes pwrpas i'r llyfr yma o gwbwl, os oes pwrpas i'r Cyngor Llyfrau roid pymtheg mil o bunnau i mi sgwennu'r llyfr, dyma fo. Os ddysgwch chi un peth o'r llyfr 'ma, dyma fo'n dod rŵan. Peidiwch! Peidiwch byth, byth, byth, byth, nefar, byth, byth, bythoedd amen, peidiwch byth â mynd i Werddon efo gweinidog Methodist. Odd hwn yn beryg bywyd, uffen – oedd, wa – fel tasa chi wedi cadw llew mewn caets am flynyddoedd, ei adael yn rhydd am benwythnos ac wedi rhoid llond potal wisgi iddo fo fel oddach chi'n agor y caets a gorchuddio pawb ar y blaned efo *beef dripping*! 'Sa hi 'di bod yn saffach i ni redag lawr O'Connell Street mewn gwisg milwr Prydeinig a wedyn llenwi tylla yn wal y Swyddfa Bost efo Polyfilla. Mi yfodd o fwy na neb arall ac odd o'n beryg bywyd i ferched Dulyn. Dwi'n gwbod mod i'n *ladies man* fy hun, dwi'n gwbod bod merchad ddim yn saff pan dwi o gwmpas, ond 'na i fyth binsio tin 'run ddynes heb ddeud helô how-di-dŵ yn gynta… a gwneud yn siŵr bod ganddi ei dannedd ei hun. Dodd blwmin lleianod ddim yn saff o grafangau'r Parchedig Irfon ap Mawddwy!

Dodd 'na ddim byd odd yn symud yn saff yn Nulyn. Pan aethon ni i'n gwlâu y noson gynta, pwy oedd yn gorfod rhannu llofft efo fo? Iors trwli, uffen – fi, 'de wa! Odd o 'di mynd i afael yn nhin pawb gymaint erbyn diwedd y noson, odd gen i ormod o ofn mynd i gysgu gynta. Fuo raid mi lusgo wardob y llofft ar draws y drws 'cofn iddo ddianc pan o'n i'n cysgu, a mi gadwes fy nillad amdana i a fy Hunter Wellingtons on drw nos, 'cofn iddo ddod ata i ganol nos a thrio mynd amdana i – mynd i'r afael efo fi, 'ndê wa.

Bore dydd Gwener, wa, ar ôl iddo fo gael Irish Coffee i frecwast efo'i gornfflecs, dyma ni'n penderfynu mynd â fo i rywle arall yn hytrach na pỳb yndê, uffen, ne mi fysa fo wedi cael ei arestio gan y Garda cyn amser cinio, uffen.

"Be am fynd i weld y llyfr mawr 'na yn y brifysgol?" medda rhywun.

"Y *Book of Kells*. Ma'n fil o flynyddoedd oed," medda rhywun arall.

"Wel diawl, be am beidio," medda fi. Dodd 'na'm pwynt mynd i fanno, wa – odd hanner y diawled efo ni yn cael ddigon o drafferth darllen llyfra o'r ganrif yma, heb sôn am rwbath odd wedi cael ei sgwennu gymaint â hynny'n ôl! Ac os oedd o rywbath yn debyg i *Cysgod y Cryman* 'sa rhywun 'di rhoid ffling iddo fo cyn gorffen y dudalen gynta!

Cafodd rhywun y syniad gwych wedyn o fynd i Sw Dulyn er mwyn cadw'r Parchedig Irfon ap Meddwyn yn glir o pỳbs cyn hired â phosib. Hawddach i sebra fynd drw dwll clo, ne be bynnag ma nhw'n ddeud! Dyma ni i fyny i'r sw a thalu pymthag euro i gael mynd mewn, uffen. Oedd, wa, pymthag euro. Fuo bron i mi golapsio – tasa'r hen ddyn yn gwybod mod i wedi talu i weld anifeiliaid tra medrwn i neud hynny am ddim adra, mi fysa fo 'di dychryn. Ges i alwad ffôn gan bobol odd bia fy nghardyn Switch i neud yn siŵr bod neb wedi ei ddwyn achos do'n i rioed wedi gwario mwy na deg punt arno fo ers fuodd o gynna i, a hynny ar yr Hunter Wellingtons. Cael ein gneud ddaru ni yn y sw. Ia, wir – mi gafon ni ein gneud gan ein Celtic cysyns! Blwmin con ddiawl. Cerddad bron i bedair milltir drwy wyth deg acer. Dau gant o anifeiliaid yn y blwmin lle, ond gan bod hi mor oer, yndê wa – gan bod hi mor rhynllyd – dim ond ni, hogia Gwalia fach a polar bêr odd allan! Odd hyd yn oed y pengwins wedi aros mewn, achos mi welis i ddau yn edrych yn wirion arnon ni drw ffenast, wa. Sbio arnon ni trw gwydr fel 'sa

Pa ochr i'r ffens mae'r petha gwyllt?

nhw oedd yn edrych ar rywbeth od, uffen! Beryg ma ni oedd y petha cynta ochor arall i ffens oddan nhw 'di weld yn gwisgo welingtons erioed. Pan welon nhw'r gwnidog mewn dillad du a gwyn, ac yn cerdded yn wirion, ma'n siŵr eu bod nhw'n meddwl ei fod o'n perthyn!

Cyn gadael y sw mi fuon ni yn y siop swfynîars, yndê wa… a dyna pryd ddaru ni sylweddoli bod y Parchedig Igor ap Moddion wedi dianc unwaith eto. Dwi'm yn gwbod sut yn union ddaru o ddigwydd ond, gan ei fod o mewn dillad du efo coler wen, ma raid bod o wedi camofflajio'i hun yn sefyll o flaen peint o Guinness neu griw o bengwins ne rwbath. Fuon ni'n chwilio ym mhob tafarn amdano fo ond y drafarth oedd, er mwyn bod yn gwrtais, odd rhaid ni gael hanner o'r jiws du ym mhob un pỳb wrth fynd rownd y lle yn chwilio amdano. Erbyn diwadd y pnawn, 'de wa, dwi'm yn meddwl bysa ni wedi ffeindio fo, hyd yn oed tasa fo ym mhocad ein trwsus ni. O'n i wedi cael llond bol, uffen, ac odd y lle yn troi. Fy hun – o'n i wedi mynd i weld dwbwl, a tasa'r gwnidog wedi sefyll o mlaen i 'sa hi 'di cymryd hanner awr i mi weithio allan ar gefn pa un ddyliwn i neidio i'w ddal.

Haleliwia! Ddaru ni ffeindio'r gweinidog wedi meddwi efo ugain o ferched o ochra Penmynydd yn diwadd.

"Watsiwch o," medda ni wrth un ohonyn nhw. "Mae o'n gythral am binsio tina genod."

"Paid â phoeni," medda hi.

Wyddoch chi be? Dodd hi ddim i'w gweld yn meindio ac ar ôl gweld y golwg odd ar y merched eraill odd efo hi, odd hi reit amlwg bod hi 'di bod yn sbel go lew ers i unrhyw ddyn heb sbectol fatha pot jam fod ddigon despret i binsio'u tina nhw!

Mi gawson docynna i'r rygbi, ond a deud y gwir, does gin i ddim lot o gof o'r gêm yn yr hen stadiwm, yndê wa. Odd 'na griw o gewri o Killarney yn sefyll o'n blaena ni, uffen. Cwbwl o'n i'n weld rhwng clustia dau gawr o mlaen i odd rhyw ddeg metr naill ochor i linell ganol y cae. Welis i neb yn cario'r bêl, mond y bêl yn fflio drwy'r awyr a phawb yn rhedag ar ei hôl. Wedyn fydda'r bêl yn fflio ffordd arall a phawb yn rhedeg ar ei hôl hi ffordd arall. Dodd gin i mo'r gyts i ofyn iddyn nhw ista, felly 'nes i ofyn i'r dyn efo mwy o Dutch cyrej na neb arall wneud hynny drosta i, uffen. Ia, dyna chi – dyma Parchedig Irfon ap Feddw Gocls yn gweiddi:

"Lisyn, lads!" medda fo. "Wi ar ior Celtic cysyns from iondyr Pentrefoelas an Penmachno. Wyd iw meind sutun down cos wi can't si ddy gêm?"

A dyma'r cewri yn ista ac yn ymddiheuro.

"Feri sori, Ffaddyr," medd un ohonyn nhw.

Odd popeth yn iawn tan waeddodd y Parchedig Idiot,

"Don't wyri at all at all at all! Sit down bejesus or wi won't bi letun ior ffamylis tarmác owr dreifs."

Ath y lle'n dawel fel y bedd, uffen. Chwe deg mil o bobol yn dawel ar yr un eiliad. Mi stopiodd pobol oedd yn chwara ar y cae. 'Na i byth anghofio

Shane Williams yn gafael yn y bêl, jyst sefyll yn stond a throi i edrych arnan ni. 'Na i byth anghofio sbio o gwmpas am help a gweld Warren Gatland yn rhoid ei ben yn ei ddwylo. Oedd, roedd pawb wedi troi i weld be oedd ymateb y cewri. Dyma Jac Cacan Gwstard yn trio ysgafnhau'r sefyllfa drwy ddeud jôc ond pan glywis y geiria "Ath 'na Gymro, Sais a Gwyddal mewn i pỳb", o'n i'n gwbod bod ein trip ni ar ben!

Aeth pawb arall o Gymru adra, heb weld fawr o'r gêm y prynhawn hwnnw, ond mi welodd pawb odd ar trip efo ni yr ail hanner i gyd yn ddi-dor. Do, chi. Welson ni o i gyd ar deledu yn Uned Ddamweinia Sbyty Dulyn, ac odd gen i ddwy lygad ddu fel Chi Chi, y panda!

Mam yn Sbyty

Newyddion trist iawn fuodd yn ddiweddar, uffen. O ia. Fel arfer, yndê wa, fel arfer, ma posib gweithio allan pa mor drist 'di newyddion sy'n cyrraedd y tŷ 'cw gan ddefnyddio'r llinyn mesur: faint o hancesi papur gwlyb sydd ar lawr wrth gadair yr hen ddynas acw.

Dwi'n meddwl mod i wedi darganfod theorem tristwch er mwyn gweithio allan os oes rhywun agos wedi marw:

4 Hances Bapur + 80% socian ÷ Mam = Rhywun agos wedi marw.

2 Hancas Bapur + 40% socian ÷ Mam = Rhywun eitha pell wedi marw ond yn sydyn.

1 Hances Bapur + sych grimp ÷ Mam = 'Di o ddiawl o bwys ganddi – mond isio gwneud sioe a lol ma hi.

Ta waeth am hynny, yn ôl at y pwynt dan sylw, heb rhyw fynd rownd Cadair Idris i brynu pacad o sgons. Y tro yma, ynglŷn â'r mater yma, roedd 'na newyddion trist i bawb arall, ond ddim gymaint o newyddion trist i Mam gan mai hi oedd wedi achosi'r newyddion trist. Gadewch i mi egluro – gan mod i'n dechra meddwl mod i'n llai clir ar y foment na sampl pi-pi Taid, ac odd hwnnw'n fwy niwlog na chopa'r Aran Fawddwy!

Cyn i chi redag am y post i brynu cardyn cydymdeimlad, na, tydi Mam ddim wedi marw, peidiwch â phoeni, er bod 'na ogla reit od arni weithia, yn enwedig pan ma hi wedi bod yn chwysu chwartia yn rapio gwlân adag cneifio. Yr eiliad yma mi fedra i gadarnhau bod Mam dal efo ni, diolch i Dduw, achos dwi'n clywed hogla tatws yn berwi yn cyrraedd fy ffroena, a tydi'r hen ddyn ddim wedi cwcio tatws ers iddo losgi toman mewn sosban a gadael hoel brown ar y gwaelod. Odd hi'n amhosib cael gwared o'r brown, felly Sosban Johnny Mathis ydi enw honna wedi bod hyd heddiw, uffen!

Ma Mam wedi bod yn sbyty, wa. Pan dwi'n deud sbyty, 'de wa, sbyty go iawn dwi'n feddwl, dim Ysbyty Ifan! Rargoledig, fel ma pawb call yn sylweddoli erbyn hyn, uffen, yn wahanol i sbyty'r gwasanaeth iechyd, aeth 'na neb i Sbyty Ifan a dod oddi yno'n teimlo'n well. Naddo, wa. Er, cofiwch chi, 'sa rhaid i chi fod yn reit sâl i ofyn i gael mynd i Sbyty Ifan yn y lle cynta. Ddylia fod o'n gwestiwn ma nhw'n gofyn mewn llysoedd barn i weld os 'di rhywun yn wallgo ai peidio. Tasa rhywun yn dweud "ydw" ar ôl clywed y cwestiwn "Dach chi isio mynd i Sbyty Ifan?", mi fydda'r rheithgor yn gwbod eu bod nhw ddim yn eu iawn bwyll ac yn debygol o'u cloi nhw mewn sbyty o fath arall a thaflu'r goriad i ffwrdd. 'Sa rhywun yn ei iawn bwyll ddim yn dewis mynd i Sbyty Ifan na f'sa, fwy na 'sa nhw'n dewis mynd i Bentrefoelas neu Uffern.

Yn ôl at Mam, ddarllenwr annwyl. Mi ddechreuodd yr holl beth yn reit ddiniwad, uffen. Y? Ww do.

"Ma gen i boen," medda Mam wsnosa'n ôl.

"Oes, dwi'n gwbod," medda fi wrthi, "ond ma hi rhy hwyr i chi gwyno rŵan, dach chi 'di brodi fo ers dros ddeugain mlynedd!"

"Siarad am y peth hyll 'ma dwi," medda hi.

"A finna hefyd," medda fi.

Be bynnag i chi, cwyno oedd hi, uffen, am boena yn ei throed, 'de wa, a rhyw lwmp hyll ond yn anffodus dodd ei gŵr hi, sydd hefyd yn debyg iawn i'r broblem ar ei throed, ddim isio gwbod. Wyddoch chi be? Ma'r ffaddyr acw'n un gwael iawn pan ddaw hi at feddwl am bobol eraill a dangos ychydig o gydymdeimlad. Deud y gwir 'tha chi, dwi wedi gweld gordd yn y sied 'cw sy'n fwy sensitif na'r hen ddyn!

Mae o'n ei thrin hi fel baw, cofiwch, yn gweiddi

arni i neud hyn ac i neud llall yn ddi–baid. Fydda hi'n ddim iddo gerddad mewn i'r tŷ a dechra gweiddi arni cyn tynnu ei welingtons, uffen! Yn aml, fe glywa i o yn gweiddi,

"BRECHDAN GIG MOCH, TOMATO A CRISPS PRÔN, a paid â rhoid gormod o fwstard ne fydd fy sana i'n toddi eto!"

Ac odd o'n disgwyl gweld y frechdan ham wrth ei gadair cyn iddo dynnu ei welingtons a mynd i ista efo'i draed fyny ar rêl towel yr Aga.

Does gynno fo affliw o syniad sut i fihafio'n iawn efo pobol, a 'dan ni'n gneud yn siŵr bellach bod o'm yn cael mynd yn agos i bobol sy mewn sioc neu wedi cael profedigaeth, neu does wbod sut fath o lanast fydd o'n greu.

Ychydig flynyddoedd yn ôl, pan oedd 'na lai o swigod mewn Aero ac odd y twll mewn Polo mint ddim mor llydan, 'de wa; ychydig flynyddoedd yn ôl mi oedd 'na ffarmwraig yn byw reit agos i ni odd wedi colli ei gŵr yn sydyn, wa. Mi oedd ei gŵr hi wedi bod yn gwneud lot o waith i Undeb Amaethwyr Cymru ers blynyddoedd maith, a phan ddaru o ymddeol o'r swydd fel gwirfoddolwr, fe gafon nhw golecsiyn i hel pres iddo, i gael anrheg fel diolch iddo ac i ddangos eu gwerthfawrogiad. Ond gan bod y diawled mor dynn, mor hafing efo'u pres, dim ond deuddeg punt a sachad o foron ddaru nhw lwyddo i hel. Dim lot o bres a hen foron tena Viva la France Hybrid oddan nhw.

Wel diawl, odd yr undeb mewn tipyn o dwll rŵan, a dim un o'r bobol bwysig am roid mwy o bres at yr achos, felly fe ofynnon nhw i wraig y gŵr bonheddig os oedd *hi* am roid pres ei hun hefyd! Uffern o beth, yndê wa – cywilydd mawr. Wel, diolch i'r drefn, yndê wa, mi ddaru hi roi tua dwy bunt at yr achos ond odd y pot dal yn dlawd iawn. Fuo 'na chwilio mawr wedyn drw Gymru gyfa am anrheg iddo, am rywbeth iddo gael ei gofio am yr amser odd o wedi'i wastio'n helpu ffarmwrs tyn. Odd rhaid iddyn nhw gael rhywbeth iddo fo yn ymwneud â'r byd amaeth yn doedd, ond odd hi'n ddiawl o job cael rhywbeth call am bedair punt ar ddeg a sachad o foron. Diolch i'r drefn – haleliwia! – mi ffeindiodd rhywun enw rhyw foi ar y we, o Lancaster, oedd yn gwneud ffyn bugail rhad ar y diawl, felly dyma gysylltu efo fo ac ordro dros y ffôn ar frys am ffon fugail am dair punt ar ddeg. Ma raid bod 'na *catch* dwi'n clywed chi'n deud. Dach chi'n berffaith iawn! Mi ffeindion nhw allan wedyn pam bod 'i ffyn o mor rhad. Odd gan y boi o Lancaster ddwy lygad croes, uffen, a dodd y cradur ddim yn gallu sbotio ffon gam hyd yn oed tasa fo'n cael chwip ar ei din efo un. Ofnadwy 'de, diawl o beth. Fe gyflwynwyd y ffon gam i'r boi mewn parti yn Harlach un noson. Ma 'na lunia ohono fo yn y *Cambrian News* yn dal y ffon a golwg flin arno. Does 'na ddim golwg o'r ffon gyfa gan bod ei gwaelod hi'n cyrlio allan o'r llun. Os wnewch chi gael copi o'r llun, mi fedrwch chi graffu a gweld bin sbwriel yn y gornel chwith, ac ynddi ma 'na lwyth o foron mewn sach.

Be bynnag, wedi iddo farw, i mi gael cyrraedd diwadd y stori 'ma cyn i Mam weiddi i ddeud bod swper yn barod, ath yr hen ddyn acw at y wraig

Ffarmwr wedi cael cam – ffon gam

weddw yn y te cnebrwng (jyst ar ôl y chweched gacan) a gofyn iddi'n blwmp ac yn blaen, cyn cynnig cydymdeimlad,

"Be dach chi am wneud efo'r ffon 'na, rŵan bod o wedi mynd?"

"*Pardon*?" medda hitha, gan edrych arno'n syfrdan.

"Y ffon," medda ffaddyr gan drio ailgychwyn, "y ffon gam 'na gafodd o. Mi lifia i'r gwaelod off a bydd hi'n iawn i foi byr fatha fi."

"Dwi am ei chadw hi," medda hitha, gan ypsetio mhellach.

"Wel diawn, tydi ddiawl o iws i chitha, a chitha mewn cadair olwyn."

Diawledig 'de. 'Nes i wrthod mynd â'r hen ddyn adra y noson honno ac mi fuodd yn cysgu yn yr hen Morris Allegro ar y buarth gyda'r cŵn am ddwy noson wedi i Mam glywed am yr helynt.

Ma Mam yn meddwl bod y busnes diffyg cydymdeimlad yn mynd yn ôl flynyddoedd, ers pan oedd fy chwaer yn hogan fach. Fuodd hi mewn ysbyty, yn anymwybodol am ddiwrnod, pan oedd hi'n hogan fach, wedi iddi syrthio 'ddar Red Rum, y poni Shetland. Roedd hi'n amser go ddrwg i'r hen ddyn, medda nhw, achos odd gynno fo feddwl y byd ohoni, ond yn cael trafferth mawr siarad am ei deimladau. Y fo oedd wedi waldio pen-ôl Red Rum efo gwialan cyn iddo redag fel diawl a thaflu fy chwaer oddi ar ei gefn.

Peidiwch â phoeni, fe ddoth fy chwaer ati'i hun a gneud adferiad llwyr, diolch i hogia Traws. Pan odd hi yn ei choma mi brynodd Mam CD Iwcs a Doyle yn canu 'Cerrig oer yr Afon' a'i chwara fo iddi'n ddi-baid yn y sbyty. O fewn llai nag awr, fe ddeffrodd ac edrych ar Mam a sgrechian ar dop ei llais,

"Trowch y blwmin sŵn 'na off, fedra i'm diodda nhw!"

Be bynnag, lle o'n i, uffen? O ia, dwi'n cofio rŵan, waa. Yr hen ddyn a'r hen ddynas yndê, uffen. Prin iawn odd y sgwrs rhwng yr hen ddyn a'r hen ddynas ers blynyddoedd. Dodd 'na'm llawer o Gymraeg rhwng y ddau, wa. Ew, nag oedd. Deud y gwir, dodd 'na ddim llawer o ddim byd rhwng y ddau.

Odd Mam, 'de wa, odd Mam yn ddigon parod i gynnal sgwrs efo unrhyw un, deud y gwir. Tasa hi'n cael y cyfla, fedar hi dynnu sgwrs o'r peth mwya blin ar y blaned, rhywun blin fel Arlywydd Putin, Herod neu hyd yn oed aelod o'r Orsedd! Ond odd hi'n amhosib cynnal sgwrs efo'r hen ddyn, uffen. Hen gythral blin, 'de wa. Dwi 'di gweld pobol hapusach yng nghnebrwng eu hunain, uffen! Tasa chi am roid gwên ar wynab y cradur 'sa rhaid chi selotêpio ochra'i geg o i'w glustia fo, uffen.

Ers blynyddoedd bellach, y cwbwl fydd yr hen ddyn yn mymblan wrth Mam ydi rhywbeth dan ei wynt am bris disyl, neu weiddi arni i neud brechdan iddo! Gyda llaw, uffen, o'n i'n sôn yn gynharach bod gan yr Inuit saith gair gwahanol am eira, wel, ma 'na saith ystyr gwahanol i'r ffordd ma'r hen ddyn acw'n gweiddi 'brechdan' ar Mam, 'de wa. Oes, uffen. Y? Choeliwch chi byth. Fedrwch chi wbod sut ddiwrnod ma'r hen ddyn wedi'i gael o'r ffordd mae'n dweud y gair 'brechdan' pan ddaw o i'r tŷ. Fydd hi'n ddigon hawdd dweud sut bris gafodd o yn mart am y defaid, uffen. Os fydda fo wedi cael pris go lew mi fyddai'n gweiddi 'brechdan' yn fwy annwyl nag Aled Jones, y boi soprano efo llond llwy o marjyrîn heb doddi yn ei geg. Ond gwae chi os ydi o wedi cael pris gwael yn y farchnad, uffen. Wedyn, wedyn, 'de wa, mi fyddai'n gweiddi'n gas fel 'sa rhywun yn dychmygu Hitler yn gweiddi am frechdan a bydd llestri Royal Doulton mỳg Prins Charles o'r 'Infestitiwt' yn ysgwyd ar yr hen ddresal Gymreig.

Be bynnag i chi. Lle o'n i? O ia! Cofio rŵan. Stori Mam yn mynd i sbyty, yndê wa. Be ddigwyddodd oedd hyn. Odd Mam 'de, myddar acw, y wneuthurwraig brechdanau a Head Potato Boiler, wedi cael lwmp ar fawd ei throed ac ar ei phen-glin hefyd. Cwyno fuodd hi am sbel, ond odd yr hen ddyn 'cw'n gwrthod mynd â hi i weld y doctor, uffen. Ofn odd o ma siŵr gen i − ofn be odd yn mynd i ddigwydd iddo fo, a phwy oedd yn mynd i neud brechdan iddo fo pan odd hi'n sbyty. Neu'n waeth fyth − pan odd hi wedi mynd i neud brechdanau i'r angylion! 'Nes i drio trafod y peth efo fo ond gwrthod nath o. Fel 'na mae ffarmwrs ffor hyn i gyd − yn enwedig y to hŷn. Welwch chi'm estrys yn rhoid ei ben mewn tywod ar ffermydd Cymru, o na. Pam, medda chi? Am fod dim estrys ar ffermydd Cymru? Naci, am fod 'na ddim lle i'r diawlad gan fod 'na gymaint o ffarmwrs wrthi.

Be bynnag, ma siŵr bysa Mam wedi mynd at y doctor ei hun tasa hi'n gyrru car, ond doedd hi ddim. Flynyddoedd mawr yn ôl, mi fuodd hi'n cael gwersi am gyfnod ond dodd yr hen ddyn ddim yn hapus, yndê wa, ac yn mynd reit genfigennus o'r sylw odd Mam yn ei gael, a dwi'n siŵr bod o'n poeni am roid gormod o ryddid iddi. Ma 'na lot o storïau ffor hyn am wragedd ffarm yn pasio prawf gyrru un diwrnod a'r diwrnod nesa'n pasio decrî nisi i'w gwŷr yn bora efo llond bowlen o uwd. Be sy'n digwydd fel arfar ydi bod y merched 'ma'n prodi'n ifanc ac yna'n pasio'r prawf gyrru a gweld bod 'na fyd newydd, gwell ochor draw i Glan yr Afon! Llefydd egsotig fel Corwen, Llangollen a Wrecsam.

Oedd, mi oedd yr hen ddyn yn poeni am adael i Mam gael gormod o ryddid ond mi oedd o'n gwbod bod 'na ddim pwynt cwyno wrthi ne fydda hi'n fwy penderfynol o gario mlaen. Yr unig opsiwn fydda gynno fo oedd trio codi ofn ar Dilwyn Williams, instryctor efo'r Berfeddwlad School of Motoring. Bob tro fydda Dilwyn yn dod â Mam adra o'i gwers, mi fydda'r hen ddyn yn sefyll wrth giêt, yn edrych yn flin gyda gwn twelf bôr yn ei ddwylo. Sefyll yno fydda fo, yn trio edrych fel *zombie* i ddychryn Dilwyn, ac os dach chi'n nabod yr hen ddyn acw mi wyddoch yn iawn nad oes raid iddo wneud lot o ymdrech i edrych fel *zombie*. Yn diwadd, yn diwadd 'de wa, ddaru Dilwyn ddallt y neges a stopio dod i nôl Mam nac atab y ffôn iddi. Fuo Mam yn trio cael gafael ar rifau ffôn hyfforddwyr eraill o'r llyfr Tudalennau Melyn ond am ryw reswm dodd 'na ddim hyfforddwyr gyrru yn ein llyfr ffôn ni, nac yn unrhyw lyfr ffôn arall o fewn pum milltir i'r buarth acw. Ychydig flynyddoedd yn ddiweddarach fe ddaru ni ffeindio allan pam. Wrth llnau cwpwrdd dal llestri un gwanwyn fe dynnodd Mam y ddol Rwsiaidd allan i'w llnau. Odd Mam wedi cael honno gan Anti Glad, Coventry, ar ôl iddi fod yn Mosco un penwythnos efo Capal Baptist Cymraeg Coventry. Be bynnag, dyma Mam yn agor y ddol, a wyddoch chi be oedd tu fewn iddi, wa? Ia, yn hollol... dol arall! Ond wyddoch chi be oedd tu fewn honno? Ia – dol arall! Ond wyddoch chi be oedd tu fewn i honno? Ia – dol arall. Ond wyddoch chi be oedd tu fewn i *honno*? Dol arall? Peidiwch â bod mor hurt! Be odd 'na? Dwy dudalen o'r Tudalennau Melyn efo rhifau hyfforddwyr gyrru arnyn nhw. Odd y diawl gwirion wedi cuddio nhw'n doedd, gan ei fod o ddim isio iddi gael gwersi na rhyddid. 'Na i byth anghofio Mam yn martsio mewn i'r gegin a'i gonffryntio gyda'r efidens. Dyma Mam i mewn a dechre gweiddi cyn i glicied y drws gael cyfle i setlo 'nôl i'w le.

"O lle doth rhain?!"

Ond dyma'r hen ddyn yn sbio arni'n syn a gweiddi yn ôl,

"O blydi Rwsia 'de'r gloman!" cyn troi ar ei sawdl reit sydyn a cherdded am allan. Odd o mewn gymaint o frys i adael y tŷ yn ei euogrwydd, mi anghofiodd wisgo'i welingtons a gan fod gynno fo ormod o ofn mynd yn ôl i'r tŷ i'w nôl nhw, mi

*Tydi ffaddyr ddim mor hyll go
iawn â'r hen foi yn y llun – mae'n hyllach!*

fuodd yn cerddad rownd mynydd drw pnawn
yn nhraed ei sanna.

Be bynnag, lle o'n i, uffen? O ie. Odd Mam
'di bod yn cwyno am wsnosa efo'i throed yn
brifo. Odd bawd ei throed 'di dechra chwyddo.
Yn gynta, odd ganddi lwmp maint marblen,

wedyn aeth yn lwmp mawr fatha wy ond erbyn y diwadd odd o'n lwmp ddigon mawr i chi orfod ei alw fo'n 'chi'! Yn y diwedd odd hi'n methu helpu rownd buarth am fod y lwmp yn rhy fawr i fynd mewn i bâr o welingtons.

'Na i byth anghofio'r hen ddyn yn dod i mewn un diwrnod a gweiddi, "BRECHDAAAAAN!". Odd hi'n amlwg i bawb bod o'n flin am rwbath, felly dyma ofyn be oedd yn bod a dyma fo'n dechra gweiddi ar Mam,

"O'n i'n meddwl bo chdi'n mynd i sefyll wrth giêt i helpu hel y defaid i sied!" medda fo.

"Dwi'm yn gallu," medda hitha, graduras. "Dwi'm yn gallu rhoid fy nhroed yn fy welingtons achos y lwmp ar fy mawd", gan godi ei choes a dangos y lwmp odd bellach efo crawn gwyrdd tywyll yn dod ohono, fel Mownt Feswfiys yn chwydu lafa dros Pompeii.

"Iawn ta, mi sortia i bopeth allan pnawn 'ma," medda'r hen ddyn cyn stwffio llond ceg o frechdan ham i'w geg.

Oddan ni wedi gobeithio bydda fo'n mynd â hi at y doctor y pnawn hwnnw, ond be odd gynno fo dan sylw odd rhywbeth reit wahanol. Mi ddoth o 'nôl i'r tŷ o fewn hanner awr ar ôl ei ginio gyda phâr o welingtons yn ei ddwylo. Dyma fo'n codi un i fyny a gweiddi "Iwrica!"

cyn iddo ddangos ei fod wedi torri top y droed oddi ar un ohonyn nhw er mwyn i Mam fedru'i gwisgo hi. Odd Mam yn eitha siomedig o beidio cael mynd at y doctor, ond dwi'm yn ama bod hi'n eitha balch o gael bod y ffarmwraig gynta fforcw efo welingtons *open toe*!

Wythnos yn ddiweddarach odd y boen yn uffernol. Oddach chi ond yn gorfod cyffwrdd yn y lwmp ac mi fysa hi'n neidio gymaint i'r awyr odd hi'n gadael hoel saim o'i gwallt ar y nenfwd. Dodd yr hen ddyn ddim am wneud dim iddi ond pan ddoth Anti Glad, Coventry, draw, mi fynnodd honno mod i'n mynd â hi i'r lle doctor yn y Mitsubishi Open Top Pick-Up Truck. Wel, odd Dr Iwan Evans yn meddwl ma gowt odd gin hi, ond gan fod ganddi lwmp ar ei phen-glin hefyd, mi odd o am iddi fynd i sbyty i gael prawf, 'cofn ma rhiwmatics ne rywbeth oedd o.

Es i â Mam adra wedyn iddi gael pacio'i bagia cyn mynd i sbyty. Ew, 'sa chi'n meddwl ma fi odd Glyn Cysgod Angau wedi dod i'w nôl hi! Nath yr hen ddyn ddim byd ond ista 'na'n sbio arnon ni yn hel petha Mam at ei gilydd a ddoth y diawl ddim efo ni lawr i'r sbyty.

Fel mab cyfrifol (sy'n hoff o nyrsys) mi arhosais i efo Mam am awr ne ddwy ar ôl cyrraedd. Odd 'na bobol o bob rhan o'r byd yn gweithio 'na, uffen – odd hi fatha cantîn yr United Nations, wa!

Odd Mam 'di mynd i siarad Saesneg posh iawn efo pawb yno.

"Oww heilow, hawy dw iow dow," odd pob blwmin dim ganddi. "Uts feri lyrfylei tw miit iow tow. Ias, thancs feiri mytsh, ai'm dwin ffain."

Gafodd hi dipyn o sioc clywad doctor yn siarad Cymraeg yn ôl – a mi feddyliodd bod hwnnw'n reit posh nes darganfod ma hogyn o Waunfawr oedd o!

Gowt oedd o, ac mi yrrodd y doctor hi adra'r noson honno efo llond bwcad o antibeiotics.

"Does gynnon ni ddim gwlâu," medda fo.

Ond dwi'm yn meddwl bod Mam wedi dallt yn iawn, achos mi sbiodd i fyw 'i lygaid o a deud:

"Yn Hafren Furnishers fyddwn ni'n prynu gwlâu os dach chi'n meddwl cael rhai."

Mynd â hi adra 'nes i wedyn a mi gafodd y ddau ohonon ni syniad o chwara tric ar yr hen ddyn. Y cynllwyn oedd bod Mam yn aros yn y pic-yp ac o'n i i fynd mewn i'r tŷ yn edrych yn drist – er mwyn i'r hen ddyn feddwl bod hi wedi mynd. Y plan oedd mod i'n dweud bod ni wedi colli Mam a bod hitha'n dod mewn wedyn yn dweud, "ond wedyn ddaru nhw ffeindio fi"! Mi bacffeiriodd yr holl beth. Pan ddudis i bo' ni wedi colli Mam, mi ddudodd o,

"Ti 'di gweld prisia cnebrwng i'r blwmin ddynas" cyn iddi hi ddod mewn. Pan welodd ei gwynab hi'n sgrechian arno o gyfeiriad y drws, odd o'n meddwl bod hi wedi dod yn ôl i'w hôntio fo!

Tristwch

Wel, shwmai wa – fel ma nhw'n ddeud ochor draw i Rydymain. Shwmai'r hen ffrind, fel dudodd Huw Chiswell. Hen le rhyfedd 'di'r byd 'ma 'de. Y? Www, peidiwch â sôn. Ie, uffen. Lle rhyfedd a chreulon. Ma rhywun yn sylweddoli wrth fynd yn hŷn bod yr hen fyd 'ma'n lle creulon iawn. Ac ma'n waeth i ni Gymry – nid yn unig 'dan ni'n gorfod ymladd dros ein hawlia i ddefnyddio'r Gymraeg o ddydd i ddydd, ma hi'n blwmin bwrw glaw 'ma rownd ril!

Er mwyn gweld pa mor greulon 'di bywyd, does ond isio chi sbio ar rai hen bobol ac fe welwch fod y byd yn lle creulon iawn. (Dach chi 'di gweld golwg ar hen bobol?) Does dim rhaid i chi edrych yn bell i weld pa mor anghyfiawn fedrith petha fod ar y blaned 'ma, yndê wa. Ma 'na bobol yn y byd 'ma 'di chael hi'n galed ofnadwy ers blynyddoedd mawr – y newynog yn Affrica, y bobol sy'n byw dan orthrwm yng ngwledydd brwnt De America, a'r bobol sy'n byw drws nesa i Iona ac Andy ac yn gorfod diodda gwrando arnyn nhw'n practisio gyda'r nos! Biti garw, ac ma nghalon i'n gwaedu drostynt i gyd. Sdim byd gwaeth, ma siŵr, na dechra byta brechdan a wedyn eu clywed nhw'n canu 'Mynd o Arizona lawr i New Orleans'. 'Swn i'm yn meindio, ond yn ôl un ffarmwr dwi'n nabod o ochra Criccccieth, does 'na run o'r ddau wedi bod dim pellach na Leeds.

Fel ma rhywun yn mynd yn hŷn, dim ond petha drwg neu betha trist sy'n digwydd i chi, 'de, uffen. Dwi'n iawn, dwi'n gwbod mod i'n iawn, wel, ella bo fi ddim ond felna ma hi'n teimlo. Ma 'na ddigon o betha da yn digwydd i rywun sy'n iau, does. Pan ma rhywun yn ifanc, ma diwrnod Dolig a phen-blwydd yn ddyddia i edrych ymlaen atynt, tydyn? Wedyn dyna chi wylia'r ysgol neu, i chi ochra Bae Colwyn, yr holideis, yndê wa. Dyna chi amser hapus i blant fatha fi, uffen, cael bod allan yn y tywydd braf yn helpu ar y ffarm a'r tywydd yn gwella o un wythnos i'r llall – nes bod rhywun yn mynd yn ôl i'r ysgol fis Medi efo lliw haul o'i gorun i lawr at jyst o dan y ben-glin. Ia, wa. Doeddach chi'm yn Gymro go iawn os nad oedd eich lliw haul chi'n stopio lle oedd pen ucha'r hen welingtons! Yng ngogledd Sir Feirionnydd yn

1972, roedd unrhyw ddyn efo lliw haul oedd bellach i lawr na thop ei welingtons ddim yn haeddu cael ei alw'n ddyn, uffen! Ew, nag oedd, mond merched odd yn gwneud hynna a mond merched odd yn gwisgo eli haul bryd hynny hefyd. Dodd hi'n ddim i'r hen blant golli crwyn fel nadroedd yn ystod gwylia'r haf a doedd 'na ddim byd gwell na gwario oriau yn plicio croen 'ddar eich cefn. Oddach chi'n crafu a chrafu a chael gafael ar ryw gornel o groen ar eich cefn ac yna'n ei dynnu oddi yno'n meddwl bod gynnoch chi ddarn maint soser − ond siomedig bob tro i weld ma jyst darn maint gewin bawd eich troed oedd yno! Ta waeth − os odd Mam a Dad yn gwrthod prynu *chewing gum* i chi, y croen 'ddar eich cefn oedd y petha 'gosa ato fo. Y dyddia hynny, doeddach chi'm yn cael eich ystyried yn ddyn os nad oeddach wedi llosgi un haen o groen bob haf a 'di ddiosg o, fatha neidar.

Dyddia da oedd dyddia plentyndod, dyddia oedd yn cael eu dilyn gan ddyddia'r arddegau a'r ugeiniau cynnar. Pan fydd rhywun yn cyrraedd yr ugeinia cynnar mae'r byd yn edrych yn le bendigedig. 'Na i byth anghofio Taid yn dweud wrtha i unwaith, o'r patshyn tamp yn ei gadair:

"Edwin," medda fo.

"Pw ddiawl 'di Edwin?" medda fi.

Wedyn mi fydda'n codi'i law at ei glust a gofyn, "Se?"

"Pw ddiawl 'di Edwin?" medda fi eto.

"Wel y chdi, y lolyn gwirion" fydda fo'n atab. Yna, "Se?" fydda fo'n gofyn eto.

"DAVID YDW I," fyddwn i'n gweiddi wedyn yn uwch na ci 'di bachu'i dingli dangli yn weiran bigog wrth neidio ffens.

"David," medda fo.

"Ia, canys dyna yw fy enw," medda fi.

"Mi ei di'n bell, wa."

"Gwnaf," me fi, "efo llond tanc o disyl yn y Mitsubishi Open Top Pick-Up Truck. Y byd ydi fy wystrysen."

"Naci'r cythral gwirion," medda'r hen foi, efo'i ddannedd gosod yn downsio'n ei geg. "Ma isio ti gofio gei di fynd i rywle yn yr hen fyd 'ma – codi dy bac a thrafeilio i bellafoedd byd os mynni. Ddy wyrld us ior Oscar!"

Odd yr hen ffosil yn iawn hefyd. Odd o'n llygad ei le, wa. Deud y gwir 'tha chi, mi oeddwn wedi bod yn breuddwydio am gael mynd i lefydd egsotig y byd 'ma. Do, uffen. Wedi meddwl mynd i ben draw'r byd i weithio – Seland Newydd, Awstralia, Caerfyrddin. O'n i wedi meddwl mynd i Bangkok ar un adeg i chwilio am ddynes ond ddudodd rhywun wrtha i 'sa raid mi gael injecshyn cyn mynd i fanno 'cofn i mi ddal rhywbeth. Do, uffen, heb air o gelwydd. Ma raid chi gael injecshyn cyn mynd i lefydd yndyr-difelypd − felly, i rywun fel fi, oherwydd fy ffobia at nodwydda, gawn i anghofio am drafeilio i lefydd annatblygiedig fel Thailand, Affrica a Sir Fôn.

Gas gen i injecshyns. Pw sy isio pric yn ei din be bynnag, 'de wa?

Be o'n i'n ddeud rŵan, wa? Am be o'n i'n sôn? O ia − dwi'n cofio rŵan, uffen. Yr hen gof − henaint ni ddaw ei hunan. Na ddaw − ma'n dod efo llyfr pensiwn, pàs i fynd ar y bws am ddim, ac incontinans. Peth od 'de, uffen. Digon o bres yn eich poced a ticet tw reid, chwadal y Beatle, ond ma gynnoch chi ofn mynd allan 'cofn i chi wlychu'ch hun ne anghofio lle dach chi'n byw.

Fel ma rhywun yn mynd yn hŷn, ma dyn yn sylweddoli bod yr hen ddyddia da yn fwy prin na rhywun moesol yn Conas Cî! O ydyn, prin iawn. Ffiw a ffar bitwîn, fel dudodd Mr Huws y deintydd pan sbiodd ar y dannedd yng ngheg Glenda Penbidlen! Reit amal, mi fydda i'n cael rhesiad o ddyrnodiau drwg ac yn gorfod gwneud rhywbeth uffernol yn fwriadol er mwyn cael diwrnod diawledig o ddrwg yn eu canol i dorri ar yr undonedd. Fyraiyti us y speis o leiff, medda Llyfr Mathew. Cyn chi fynd i sbio'n Beibil, llyfr Mathew Kelly dwi'n sôn amdano – y boi odd yn gwneud Stars un dder Eis, ers talwm. Dach chi'n cofio, uffen? Dwi'n cofio Idris Davies o'r Brithdir yn mynd ar Stars un dder Eis.

"And hw ar iw goin tw bi twneit, Aidris?" gofynnodd yr un mawr blewog.

"Twneit, Mathew bech," medda Idris, "ai'm goin tw bi David Lloyd the tenor!"

"Www!" medda pawb yn y gynulleidfa.

"Noooo!" medda ni adra, oedd yn nabod Idris.

Be ddaru'r llo? Canu 'I'm dreaming of the mountains of my home'? Naci. Canu 'Pwy fydd yma 'mhen can mlynedd'? No we! Wedi cyflwyniad anhygoel gan Mathew, wedi miwsig mawr fel ffanffer, wedi i'r gynulleidfa glapio nes bod blistars ar eu dwylo fatha cwshins soffa DFS, wedi iddo gael gymaint o fwg dros yr entrans nes bod isio corn niwl arno i ffeindio'i ffordd allan – fe ddoth 'Aidris' allan drwy'r mwg wedi meddwi'n racs ac mi faglodd lawr steps ac off y llwyfan!

Idris angen cadair

Be bynnag i chi, heb rhyw bît abowt ddy bwsh, ddiawl, leni cefais ddiwrnod diawledig. Be ddigwyddodd, medda chi. Taid wedi marw, Nain wedi marw? Gwaeth na hynny. Ci defaid wedi marw? Naci, gwaeth na hynny hefyd.

Mis Medi eleni odd un o ddyddia trista fy mywyd. Ia, uffen, pasiwch yr hances boced a crafwch y snotsen oddi arni imi. Mis Medi (rarglwydd mawr, ma 'na ddeigryn yn fy llygaid wrth mi sgwennu hwn), mis Medi bu farw'r... Mitsubishi Open Top Pick-Up Truck!

Do, uffen – y pic-yp a fu farw wrth gario llo i Fflint. Ma pobol yn chwerthin ar fy mhen i pan fydda i'n mynd yn emosiynol am y pic-yp. Digon hawdd iddyn nhw ddeud petha fel "Uw, odd hi wedi cael gwd inings" neu "Odd hi'n well bod hi'n mynd rŵan yn hytrach na gweld hi'n diodda". Ond damia, newydd orffan talu am y bali thing oddan ni... odd hi wedi bod ar HP ers deg mlynadd! Tasa hi 'di para blwyddyn yn hirach fydda hi wedi cael ei golchi am tro cynta!

Rhyfedd o beth 'di colli rhywun ne rywbeth annwyl. Ma rhywun yn trio peidio meddwl am y peth ond yn ffeindio hynny'n amhosib. Fues i'n cerddad o gwmpas am ddyddia mewn sioc, fel taswn i mewn breuddwyd yn aros i rywun fy neffro a'm rhyddhau o'r fath greulondeb meddyliol. Ew! Sori, uffen, odd y frawddeg ddwetha 'na braidd yn ddyfn a diflas, doedd. Ew, ma siŵr bo rhai ohonoch chi'n meddwl bo chi 'di dechra darllen *Cysgod y Cryman* ne *Barddas*, toeddach. Ddrwg gen i am hynna.

'Na i byth anghofio'r amser welon ni'r pic-yp am y tro cynta. Mynd i garej ddaru ni i brynu disyl i'r hen Landrover odd gynnon ni ac wrth

i mi lenwi tanc mi drychis i mewn i showrwm
y garej a dyna pryd ddaru'n llygaid ni gyfarfod
fel dau gariad, uffen. I ddeud y gwir, fy llygaid i
a'i goleuadau hi ddaru gyfarfod nes mod i wedi
cynhyrfu'n lân o fodia nhraed i rannau eraill o
nghorff i. Teimlad od iawn odd o, uffen. Ath ias
lawr fy nghefn i, a ges i tingyls ym modia nhraed
a mi fedrwn i glywed angylion yn canu, uffen.
(Fatha Siân James, uffen.) Odd hi fel taswn i wedi
gweld y peth delia yn fy mywyd. Yr unig beth
oedd wedi gwneud argraff felna arna i o'r blaen
odd tractor David Brown. Deud gwir, odd hi'n
ddeliach nag unrhyw ddynes o'n i wedi gweld o'r
blaen… ac yn wahanol i ferchaid ffor hyn. Odd

'na dipyn o bolish arni a dodd 'i thin hi ddim mor llydan. Cariad diamod, dyna oedd o. Fatha mam at ei phlentyn, fatha wiwar at ei chnau. Dyma fi'n cerddad am y showrwm, a wyddoch chi be, o'n i'n canolbwyntio gymaint arni o'n i wedi anghofio bod 'na ffenast rhyngthan ni'n dau. Gerddis i mewn i ffenast y showrwm a'r peth nesa o'n i ar fy nghefn ar lawr, uffen, ac yn gweld sêr. Ges i fynd mewn i'r showrwm wedyn gan Edwin Jackson y selsman. Ew... dyna chi bic-yp. Dyna chi smart odd hi. Saith haen o baent metalig, sgid plêt, olwynion alloy, bymper run lliw â'r pic-yp, ABS, EBO, 16v, turbo charger efo intercooler a digon o fagia gwynt i chi agor bownsi casyl. O'n i mewn cariad, uffen. Odd fy mhenglinia i'n wan fatha plot *Porthpenwaig* ac o'n i wedi mynd i lafoerio cymaint odd Edwin yn gorfod fy nilyn o gwmpas efo bwcad a mop, wa. Ew, fuon ni'n trafod pris am sbel go dda. Fo yn cynnig dwy fil am y Landrover a phymtheg mil ar ei phen hi am y pic-yp a finna'n cynnig llai o bres iddo fo. Ew, un da dwi am daro bargen – fela fuon ni efo'n gilydd yn ffraeo am bris. Fo yn gofyn hyn a hyn a finna'n cynnig llai. Odd hi fatha chwara ping pong, uffen. Dair awr yn ddiweddarach oddan ni wedi setlo ar bris. Pwyri ar law, uffen. Codi hen fflemsan i law ac ysgwyd llaw. Fy Landrover a phymtheg mil am bic-yp newydd… efo matia llawr yn tu blaen. Mi arwyddais y ffurflenni HP yn y fan a'r lle (ond cofiwch, nid fan oedd hi) a wedyn mi ofynnodd am dri chant o bunna yn ychwanegol.

"I be tisio tri chant ychwanegol?" medda fi.

"Am y petrol sy'n dal i dywallt o'r Landrover," medda fo.

Diawl. Odd hi'n dal i lenwi ac ro'n i wedi anghofio diffodd y pwmp, uffen!

Hwrê 'wan

Wel, ddarllenwr annwyl, hoff a thyner, dyna ddigon o rwdlan fatha Tori am rŵan. Dwi'n gwybod yn iawn bod chi'n gagio isio mwy i ddarllen ond gormod o bwdin daga gi, fel ma nhw'n deud (nid mod i wedi gweld ci yn cael pwdin chwaith). Mi fyddwn wedi bod wrth fy modd yn cario mlaen a sgwennu ond tydi'r cybydd yn y Cyngor Llyfrau ddiawl 'ma ddim yn fodlon talu mwy na phymtheg mil i mi.

Dwi'n gwybod yn iawn y bysa'r llyfr yma'n cael ei enwebu ac yn ennill Llyfr y Flwyddyn yn ddigon hawdd (o'i gymharu â'r llyfra sy wedi ennill yn y gorffennol, fyddai'n anodd peidio), ond dwi'n gofyn i chi plis BEIDIO fy enwebu. Na, peidiwch wir. Mae cystadleuaeth Llyfr y Flwyddyn ar gyfer amaturiaid a 'di o mond yn iawn iddyn nhw gael cyfle i brofi llwyddiant a meithrin eu crefft wrth ddysgu, achos fydd hi'n amser hir cyn iddyn nhw gael sefyll ysgwydd wrth ysgwydd â rhywun â thalent mor naturiol â fi, uffen. Ma siŵr bydd 'na nifer fawr ohonyn nhw'n darllen y gyfrol hon i gael tips, syniadau, i'w astudio, er mwyn gwella'u crefft, neu hyd yn oed ddwyn darna (y tacla).

Mi fydd y tristaf wedyn yn cwyno ma dim ond sbwriel 'di'r llyfr yma. Plis, peidiwch â bod yn flin efo nhw. Maddeuwch iddyn nhw – cenfigen ydi o yn y bôn a dwi'n teimlo drostyn nhw ac yn eu pitïo. Os ddeudith rhywun rywbeth cas, cofiwch eu hatgoffa nhw mod i wedi cael pymtheg mil am y llyfr, ac wedi cael cynnig seremoni arbennig fy hun yn yr Eisteddfod, i ddiolch i mi am fy nghyfraniad i fywyd Cymreig. Wedi gwrthod ydw i siŵr iawn, gan mod i ddim yn hoff o ffŷs. Ond ma'r Jim Parc Fest 'na ar y ffôn bron bob wythnos yn begio i mi ailfeddwl.

Yn dilyn rheolau newydd ar y cyd rhwng y Cyngor Llyfrau, Cyngor y Celfyddydau, Llenyddiaeth Cymru, National Farmers Union a The Society of Horticulture, Agriculture, Game and Environmental Research Services (S.H.A.G.E.R.S.), mae'n ddyletswydd arna i bellach i fod yn agored a chyhoeddi be dwi am wneud â'r pymtheg mil o bunnau:

Ei Wario!

1. *Anal stitch* i Aelodau'r Cynulliad i wneud yn siŵr nad y'n nhw'n siarad drwy'r twll anghywir:
   £3,000.00

2. Hyfforddi wiwerod i fynd â *hand grenade* i dyllau moch daear:
   £2,500.00

3. Gwneud i lwynogod edrych fel cathod er mwyn eu hel yn gyfreithlon:
   £3,000.00

£4.95